企业家精神
与当代中国民营企业家成长研究

韩影　王彪　柳叶　著

辽宁人民出版社

ⓒ 韩影　王彪　柳叶　2020

图书在版编目（CIP）数据

企业家精神与当代中国民营企业家成长研究 ／ 韩影，
王彪，柳叶著. —沈阳 ：辽宁人民出版社，2020.10
ISBN 978-7-205-09922-0

Ⅰ．①企… Ⅱ．①韩… ②王… ③柳… Ⅲ．①民营企
业-企业精神-关系-企业家-人才成长-研究-中国
Ⅳ．①F279.245

中国版本图书馆CIP数据核字(2020)第146575号

出版发行：辽宁人民出版社
　　　　　地址：沈阳市和平区十一纬路 25 号　邮编：110003
　　　　　http://www.lnpph.com.cn
印　　刷：辽宁鼎籍数码科技有限公司
幅面尺寸：145mm×210mm
印　　张：7.75
字　　数：210 千字
出版时间：2020 年 10 月第 1 版
印刷时间：2020 年 10 月第 1 次印刷
责任编辑：马　辉　王　琳
封面设计：高政华
版式设计：鼎籍文化
责任校对：吴艳杰
书　　号：ISBN 978-7-205-09922-0

定　　价：40.00 元

本书为辽宁省社会科学规划基金项目
"企业家精神培育与政府制度环境优化"
(项目批准号:L19BZZ004) 的阶段性研究成果,
并获得沈阳工业大学中青年学术带头人培育基金的资助。

本书为辽宁省教育厅科学研究经费项目
"企业家精神与当代中国民营企业家成长研究"
（项目批准号：WJGD2020003）的阶段性研究成果。

改革开放 40 多年来，中国发生了翻天覆地的变化，从一个经济上封闭落后的国家变为目前世界上经济发展最快的国家之一，取得了举世瞩目的成就。其中，企业家的贡献和企业家精神所发挥的作用不可磨灭。党的十八大以来，习近平总书记在不同场合多次强调企业家和企业家精神的重要性。2017 年和 2019 年，中共中央和国务院联合分别出台了文件《中共中央　国务院关于营造企业家健康成长环境弘扬优秀企业家精神更好发挥企业家作用的意见》和《中共中央　国务院关于营造更好发展环境支持民营企业改革发展的意见》，体现了党中央、国务院对民营企业家队伍的高度重视和殷切期望，标志着对优秀企业家精神的保护和弘扬进入了一个崭新的阶段。

民营企业家是中国特色社会主义事业的建设者，从诞生、成长，到实力逐步壮大，这一进程是我国基本经济制度、经济体制和政治体制不断改革创新的结果，正在深刻改变着我国的社会结构，对我国改革开放进程、社会主义市场经济体系建设、社会主义政治文明建设产生重要影响。作为中国改革开放的探路者和实践者，中国的民营企业家队伍已成为推动中国经济发展、制度变革和社会进步的重要力量。无数优秀民营企业家为中国社会创造了财富，推动了经济的发展，也提升了中国的国际地位，他们所焕发出来的企业家精神，成为我国经济快速发展的内在驱动力，成为我国社会主义市场经济建设的思想动力、价值追求以及精神支柱。伴随着我国民营企业的快速成长，部分民营企业家自身修为、精神追求、价值取向、道德信仰、理想信念等方面也暴露出诸多问题。因此，在非公有制经济领域加快培育企业家精神，加强民营企业家队伍建设，推进民营企业家健康成长迫在眉睫。加强企业家精神培育，引导民营企业家不断提高综合修养，引导民营企业家践行社会主义核心价值观，坚定社会主义理想与信念，坚持社会主义理论自信、道路自信、制度自信和文化自信，凭借企业家身份、通过企业创新实践活动，积极参与我国社会主义建设事业，为国家经济社会发展做出更大的积极贡献，是当代民营企业家队伍建设的战略任务。

本书基于对企业家精神的基本理论认识，紧密结合辽宁实际，深刻认识新形势下加强企业家精神培育的重要意义和必要性，总结概括当代民营企业家精神内涵、历史传承和作用机理，科学分析民营企业家成长环境与企业家精神发展现状，树立民营企业家的正确价值导向，探寻制定有利于民营企业发展和民营企业家成长的环境优化措施的方式方法，以期推动和促进非公有制经济健康发展。从理论层面来看，本书依据企业家精神理论研究，基于中国改革开放创新实践，形成企业家精神与制度环境之间内在逻辑关系的理论认识，促进企业家精神理论研究的理论探索与创新，为执政党创新国家治理体系、健全社会主义市场经济体系、增强社会创新动力与活力提供理论依据。就现实层面而言，本书重点研究了当代中国民营企业、民营企业家精神、民营企业家成长环境的现实状况，分析了当代民营企业家精神缺失的表现、原因及其危害，并基于企业家精神探讨了"新常态"背景下促进民营企业家成长的对策措施，既可以为弘扬优秀企业家精神、加强民营企业家队伍建设提供政策参考，也可以为新时期加强党的建设提供决策借鉴。

韩影

2020 年 5 月

Contents / 目 录

第一章

导论

　　每一个时代都有其独特的精神引领。企业家精神既是企业家创业创新的精神资源，也是推动区域经济增长不可或缺的重要因素。企业家精神不但能够促进创业与创新热情的高涨、培育开放健康的市场环境，还可以激发一个民族的创新活力，推动整个社会的文明与进步。党的十八大以来，中国特色社会主义进入新时代。当前中国正处于社会转型时期，伴随着经济的快速发展和政府政策的剧烈变化，企业家精神的有效发挥成了企业生存和发展的关键性决定因素。营造企业家健康成长环境，弘扬优秀企业家精神，对更好地发挥企业家才能、体现企业家作用、激发企业发展活力、实现经济社会持续健康发展具有重要意义。

一、研究背景与意义

（一）研究背景

企业家精神并不是一个新现象，国外关于企业家精神的论述早在中世纪就已存在，对企业家精神的理论研究可以追溯到 18 世纪。从 19 世纪 70 年代中期至今，企业家精神越来越受到重视。自 20 世纪 80 年代以来，企业家精神在经济运行与经济发展中的作用越来越显著，企业家精神理论的研究也随之成为热点。近几十年来，企业家精神的研究已经成为管理学、经济学中发展最快的领域之一。但是，国内学术界对于企业家精神的研究起步得相对较晚，20 世纪 90 年代初开始，国内有关学者才开始引入国外的企业家精神理论来研究中国企业的成长问题。虽然"企业家精神"一词频频见诸媒体，但是理论文章和研究成果相对较少，尤其缺乏丰富的实证研究数据和对于理论的系统性研究。

对于一个国家或地区来说，企业家精神不可或缺。各国政府纷纷将培育企业家精神作为经济增长政策的重要组成部分。例如，为了保证经济的繁荣和生活水平的提高，欧盟委员会在 2000 年提出要用 20 年的时间把欧盟各国培育成为全球企业家精神的领导者。[①] 埃森哲是全球知名的管理咨询公司，它曾经与 20 多个国家和地区的企业家进行了交流或访谈。这些企业家中超过 70% 的人都认为，企业家精神是企业获得成功的重要因素之一。另外，世界最大的科技顾问公司 Accenture 对全球的高层管理者进行了调查和研究，发现大多数高层的眼中，企业家精神是企业可持

----

① David B. Audretsch, Max C. Keilbach and Erik E., Lehmann. Entrepreneurship and Economic Growth[M].Oxford: Oxford University Press, 2006, P3.

续发展的重要原因。①

改革开放40多年来，中国发生了翻天覆地的变化，从一个经济上封闭落后的国家变为目前世界上经济发展最快的大国之一，并取得了举世瞩目的成就。其中，企业家的贡献和企业家精神所发挥的作用不可磨灭。党的十八大以来，习近平总书记在不同场合多次强调企业家和企业家精神的重要性。2014年习近平总书记在亚太经合组织工商领导人峰会演讲时指出："市场活力来自于人，特别是来自于企业家，来自于企业家精神。激发市场活力，就是把该放的权放到位，该营造的环境营造好，该制定的规则制定好，让企业家有用武之地。"李克强总理也多次在国务院会议上就改善企业家营商环境、弘扬优秀企业家精神、更好发挥企业家作用进行部署和安排。2017年9月8日，中共中央和国务院联合出台文件《中共中央 国务院关于营造企业家健康成长环境弘扬优秀企业家精神更好发挥企业家作用的意见》，并下达到全党和各级政府要求贯彻落实，这在我们党和国家的历史上还是第一次。党的十八届三中全会报告中提出：要使市场在资源配置中起决定性作用、弘扬企业家精神。党的十九大报告中也明确提出要激发和保护企业家精神。2018年11月1日，习近平总书记在民营企业座谈会上发表重要讲话；2019年12月4日，中共中央和国务院联合出台文件《中共中央 国务院关于营造更好发展环境支持民营企业改革发展的意见》；2020年5月11日，中共中央和国务院又联合出台文件《中共中央 国务院关于新时代加快完善社会主义市场经济体制的意见》。由此可见，中国已

---

① 夏洪胜，张世贤：《创业与企业家精神》，经济管理出版社2014年版，第17、18页。

经把企业家和企业家精神上升到党和国家的最高层面，成为党和国家的大事。企业家和企业家精神对当代中国社会的重要性不言而喻。这些重要论断和重大举措，是对中国企业家群体的历史性肯定，体现了党中央、国务院对民营企业和民营企业家队伍的高度重视和殷切期望，标志着国家对优秀企业家精神的保护和弘扬进入了一个崭新阶段，同时也为中国企业家健康成长、充分发挥企业家能力创造了契机。

实现中国梦，必须凝聚中国力量，必须紧紧依靠人民。作为中国特色社会主义事业的建设者，民营企业家是中国力量不可或缺的重要组成部分，在我国国民经济中的地位、作用以及影响力与日俱增。作为中国改革开放的探路者和实践者，中国的民营企业家队伍，经历了孕育、发展、壮大并逐渐走向成熟的成长过程，成为推动中国经济发展、制度变革和社会进步的重要力量。中国的民营企业家为中国社会创造了财富，推动了经济的发展，也提升了中国的国际地位。无数优秀民营企业家所焕发出来的企业家精神，成为我国经济快速发展的内在驱动力，成为我国社会主义市场经济建设的思想动力、价值追求以及精神支柱。回顾改革开放，第一批敢为天下先的，其实就是民营企业家。一大批艰苦创业、奋发图强、自主创新、无私奉献、勇于担当的民营企业家的创富传奇、创业经历、经营行为、社会贡献、价值取向、精神风貌等成为社会关注的热点与焦点，成为社会主义精神文明建设的标杆，成为社会主义市场经济建设进程中的正能量，鼓舞着无数有志之士参与到社会主义市场经济建设大潮之中，创新创业，开拓进取。

改革需要企业家和企业家精神的支撑。如果没有一大批优秀民营企业家的敢试、敢闯、敢于探索，中国的改革就不可能不断向前。全球化时代，中国的民营企业家队伍肩负着更大的责任，面临着更大的挑战。当代民营企业家的成长很大程度上得益于中国良好的制度环境、市场环境和政策环境，同时也得益于企业家自身的财富追求、价值追求以及创新精神追求。但是，由于中国封建社会历史文化悠长，现代市场经济体系在中国缺乏文化积淀，社会主义与市场经济内在统一的理论认识仍处于探索阶段，缺乏广泛的社会共识性制度安排、行为规范与文化认知，表现为社会主义市场经济体系制度不完善、不健全。所以，当代中国民营企业家在表现出充分创新活力的同时，也表现出负面非生产性作用。伴随着中国民营企业的快速发展，民营企业家在自身修为、精神追求、价值取向、道德信仰、理想信念等方面暴露出诸多问题。一些民营企业违法经营，甚至不择手段谋求财富，不良现象层出不穷，给社会道德价值体系以及社会文明风气带来了极坏的影响。许多创业成功的民营企业家，因为缺乏志存高远的经营目标，过于强调利润最大化，导致企业短命，浪费社会资源。即使是一些创新创业十分成功的民营企业家，也出现了向海外大量转移资本、改变国籍身份的现象，这反映出一些民营企业家内心深处对社会主义理论、道路、制度缺乏信心，爱国主义情怀淡漠，民族意识缺乏的倾向。还有一些民营企业家，依靠拉拢、行贿政府官员牟取暴利，垄断市场、强买强卖、大肆敛财，破坏市场秩序，不仅不能使企业走上创新发展的健康道路，而且对社会主义市场经济体系建设起到破坏性作用，也严重败坏了执政党的形象与声望。凡此种种，都反映了改革开放以来，民营经济、民营企业蓬勃发展的同时，民营企业家的精神缺失、理想缺失、信念缺失的精神危机，因此，在非公有制经济领域加快培育优秀企业家精神，加强民营企业家队伍建设，推进民营企业家健康成长迫在眉睫。

（二）研究意义

企业是市场经济的重要主体，而引领企业前行的核心要素之一就是企业家精神。当前，我国经济社会发展进入"新常态"，企业面临全面转型升级创新发展，企业家精神作为企业健康良性发展的内在驱动力，是国家实施创新驱动发展战略的动力源泉。党的十八大以来，在习近平总书记系列重要讲话中多次出现"企业家精神""企业家作用""企业家才能"等关键词，体现了以习近平总书记为核心的党中央在治国理政过程中对企业家群体的高度重视。十九大报告中提出，要激发和保护企业家精神，鼓励更多社会主体投身创新创业，这是在我国进入中国特色社会主义新时代以来，党中央在建设现代化经济体系的部署中作出的一个重要决策。2017年9月，中共中央联合国务院发布的《中共中央 国务院关于营造企业家健康成长环境弘扬优秀企业家精神更好发挥企业家作用的意见》，对激发与保护优秀企业家精神提出了总体要求和具体举措，意义十分重大，表明在中国进入新时代的新的历史征程，充分发挥企业家的积极作用，已经在国家层面受到高度重视。

民营企业家是推动区域经济增长的一种不可或缺的要素资源，也是我国社会和经济发展的一种稀缺资源。民营企业家的数量、素质和能力直接决定着一个国家或地区经济发展的速度、质量和竞争力。因此，如何改善民营企业家的成长环境，加速民营企业家的生成和发展；如何增强民营企业家的素质和能力，培育优秀的民营企业家群体；如何引导民营企业家树立正确的人生观、世界观、价值观，积极践行社会主义核心价值观；如何规范民营企业家的非制度化政治参与行为，构建新型健康的政商关系等问题已经成为我国各级政府在推动区域经济发展过程中必须关注的重要问题，也是我国在推进政治体制改革过程中亟须解决的热点和焦点问题。

加强企业家精神培育，引导民营企业家不断提高综合修养，引导民营企业家践行社会主义核心价值观，坚定社会主义理想与信念，坚持社会主义理论自信、道路自信、制度自信和文化自信，凭借企业家身份，通过企业创新实践活动，积极参与我国社会主义建设事业，为国家经济社会发展做出更大的贡献，是当代民营企业家队伍建设的战略任务。目前，我国政府与民营企业家的关系，政府部门职能是"越位""缺位"与"错位"并存的，这制约着企业家精神的培育、激发和保持，对民营企业家的成长尤为不利。通过一系列环境和制度建设，解决制约企业家精神的主要问题，多方面改进服务，优化环境，释放激发和保护企业家精神的积极信号，必然会提高企业家的信心，从而促进民营企业家队伍的成长。

从理论层面来看，本书分析了企业家精神内涵、特质及其作用，研究企业家精神发挥作用的环境与动态影响机理；探讨了影响当代民营企业家精神特质与作用效果的环境因素，总结了民营企业家精神的传承与演化规律；通过对企业家精神地域差异与区域民营经济增长的实证研究，总结了当代民营企业家成长的多重障碍，分析了其产生的原因并积极探索了解决之道。依据企业家精神理论研究，基于中国改革开放创新实践，形成企业家精神与制度环境之间内在逻辑关系的理论认识，促进企业家精神理论研究在中国情景下的理论探索与创新，可以为执政党创新国家治理体系、健全社会主义市场经济体系、增强社会创新动力与活力提供理论依据，有利于在理论上确立民营企业家在中国经济发展中的重要地位，有利于促进社会主义建设与市场经济发展深度融合理论研究，有利于完善中国社会主义经济理论，有利于非公有制经济领域党建工作理论探索，在某种程度上也有利于推进党的民主参与理论的丰富和发展。

就现实层面而言，本书回顾了我国当代民营企业和民营企业家生成和发展的历史进程；调研了当代民营企业家精神现状，重点调查分析了辽宁地区民营企业家发展状况；研究了民营企业家成长环境的现实状况以及民营企业家对社会主义制度、理论、道路的信仰与践行状况；总结了当代民营企业家精神存在的问题及其负面影响，当代民营企业家精神缺失的原因及其危害；探讨了在经济转型升级、创新驱动发展"新常态"背景下，促进我国民营企业家精神培育和民营企业家健康成长的对策措施；重点探索了党建工作在民营企业家精神引导、建设方面的制度保障与思想引领作用，为执政党党建工作提供制度改进依据、政策改进依据、实践改进依据。基于企业家精神的民营企业家成长研究，对于中国民营企业在转型发展中克服各种环境障碍具有重要的实践意义，对于中国民营企业提升自身核心竞争力，实现与国际接轨具有重要的现实意义。

二、研究目的、方法及结构

（一）研究目的

本书试图实现以下几个研究目标。一是系统梳理国内外关于企业家和企业家精神的研究成果，简要评述企业家精神研究的历史与现状，科学界定当代企业家精神的内涵，提炼当代中国民营企业家精神的精神特质，深刻认识新时代在非公有制经济领域和全社会加强优秀企业家精神培育的重要意义和必要性。

二是梳理中国事实，回顾改革开放以来我国民营企业发展和民营企业家的成长历程，概括民营企业家在我国经济发展中的地位和作用，科学分析民营企业家成长环境，全面总结民营企业家成长的影响因素并分析原因，提高全社会对民营企业家的认识和尊重。

三是对不同地域民营企业家精神的形成与精神特质进行比

较，把握我国民营企业家精神发展现状，深入分析民营企业家精神缺失的表现、原因及其危害，紧密结合辽宁实际，基于企业家精神努力探寻有利于民营企业家成长的目标选择和现实对策措施。

（二）研究方法

只有运用科学的研究方法，才能达到研究的目的，得出正确的结论。从研究方法来看，要对某一问题做出严谨的、科学的研究，必须采用多种理论分析和研究方法。在本书具体写作过程中，除了使用文献研究、问卷访谈等常见方法外，还重点运用了历史唯物主义与辩证唯物主义的方法、多学科交叉研究的方法、历史与比较研究相结合的方法、理论研究和实证分析相结合的方法。

1. 文献研究法

足够的文献资料阅读是文章撰写的基础。本书写作过程中重点借鉴和分析了以下几个方面的文献资料：一是国内外学者关于企业家精神和民营企业家成长的经典理论著作；二是改革开放以来，关于促进民营经济发展和民营企业家阶层定性的重要纲领性文献资料；三是各种公开发表的专著、期刊论文、报刊及网络媒体评论等相关资料，为研究的展开奠定了坚实的基础。

2. 历史唯物主义与辩证唯物主义的方法

本书的写作立足于当代中国经济体制变革导致社会变迁这个大的历史背景，始终坚持马克思主义的唯物辩证法，全面分析和考察民营企业家阶层在中国的崛起过程中，因生产资料占有关系的不同而带来的经济地位的变化情况，因经济基础决定上层建筑而引起的社会变迁情况以及民营企业家阶层的政治参与情况等，做到了政治的阶级阶层分析同社会历史的分析辩证统一。

3. 多学科交叉研究的方法

重视运用多学科交叉研究的方法，借鉴交叉研究的理论成果，最终目的不在于抽象的研究而在于具体的研究，为解决实际问题提供参考。本书综合运用了马克思主义理论、经济学、政治学、社会学、管理学等学科的有关理论成果和研究方法，对民营企业家精神的发展历程、现状和如何培育等进行了全面、深入和系统的思考，力求拓宽研究视角，使研究成果更加客观和全面。

4. 历史与比较研究相结合的方法

本书运用了历史与比较相结合的方法来研究中国的民营企业家精神演化历程，就是要以史料为基础，探讨不同历史时期、不同历史环境下民营企业家的一般成长规律。同时通过比较方法来分析地区文化差异、制度差异、市场差异对企业家精神的影响，揭示不同区域内民营企业家精神特质的特殊性，从而为探寻当代民营企业家精神培育的有效对策措施提供依据。

5. 理论研究和实证分析相结合的方法

本书一方面通过梳理国内外关于企业家精神理论、民营企业发展、民营企业家成长等相关研究成果，创新理论研究的领域和范围，为弘扬优秀企业家精神、更好发挥民营企业家作用提供理论基础和依据。另一方面则以文献分析为基础，引入实证研究、案例分析的研究方法，并进行了相关的问卷与访谈，通过对具体研究对象进行深入、全面和系统的分析，给研究提供一种解释和论证方法。

（三）研究思路与结构框架

本书基于对企业家精神的基本理论认识，紧密结合辽宁实际，深刻认识新形势下加强企业家精神培育的重要意义和必要性，总结概括当代民营企业家精神内涵、历史传承和作用机理，科学分析民营企业家成长环境与企业家精神发展现状，树立民营企业家的正确价值导向，探寻有利于民营企业发展和民营企业家成长的环境优化措施，以期弘扬优秀企业家精神，推动和促进民营经济健康发展。本书由导论和正文七章八个部分内容组成。依据研究视域，从弘扬优秀企业家精神、促进民营企业家健康成长的目的出发，确定本书的具体结构框架如下。

第一章：导论。本部分首先介绍了本书的研究背景、研究意义、研究目标、研究方法、研究思路及结构框架；其次界定了企业家、企业家精神、民营企业家等重要概念；最后概括了本书研究的重点、难点和创新点。

第二章：企业家精神研究的理论综述。本部分首先回顾了企业家精神研究的理论渊源，其次梳理了企业家精神作用的理论基础，最后总结了企业家精神的作用机理和动态演化机理。研究重点是揭示企业家精神行为表现，探索企业家精神个人特质与社会特质双重属性，研究企业家精神与社会环境互动关系，探讨企业家精神结构与精神来源，分析不同社会制度、不同地域文化对企业家精神的影响，揭示企业家精神正向积极作用与负向消极作用机理，分析企业家精神动态演化规律，探索企业家精神促进社会主义与市场经济融合发展的内在驱动作用。

第三章：中国企业家精神演化与历史传承研究。本部分首先回顾了近代民族工业发展的政治环境、制度环境、市场环境变迁及其特点，剖析了近代社会制度环境对民族企业家价值取向与行为特点的影响，总结了近代民族企业家精神特质。其次总结了当代中国民营企业与民营企业家发展历程，阐明了民营企业和民营企业家的地位与作用。最后介绍了当代民营企业家精神演进历程与主要表现，分析了当代中国不同阶段民营企业家的价值取向与行为特点，揭示了不同阶段民营企业家精神的主要表现，剖析了社会主义市场经济条件下企业家精神个人特质与社会特质双重属性的内在冲突。

第四章：当代中国民营企业家精神的发展现状考察。本部分首先概括了当代中国民营企业家精神的主要特质。其次总结了当代中国民营企业家精神缺失的主要表现，并从民营企业家的客观成长环境和自身主观因素两个方面探究了民营企业家精神缺失的深层次原因。再次介绍了当代中国民营企业家非制度化政治参与的主要表现、社会危害及其产生的原因。最后介绍了"亲""清"新型政商关系的提出、内涵与构建价值。

第五章：辽宁民营企业家成长环境的实证研究。当前辽宁正处于经济转型升级的关键时期，鼓励民营企业家创业，培育以创新为核心，以敬业、责任感和实现自我价值为内涵的企业家精神，培养一批具有企业家精神的优秀民营企业家，是促进辽宁经济社会发展的现实需要。本部分主要对辽宁市场创新创业环境、辽宁投资营商环境、辽宁民营企业发展障碍、辽宁民营企业家精神特质进行调研分析，旨在总结辽宁民营企业发展存在的问题和民营企业家精神特质，为培育辽宁民营企业家精神、实现辽宁经济成功转型提供依据。

第六章：区域民营经济增长与企业家精神比较研究。本部分基于中国当代民营企业家精神特质总体特点，进一步对比分析不同地区民营经济发展历程、民营企业家精神特质，研究不同地区民营企业家行为与价值取向特点。通过对浙江、江苏、辽宁的民营经济、民营企业家、民营企业家精神状况的比较分析，探讨不同地区民营企业家精神结构与精神来源差异，剖析制度、市场、文化等社会环境因素对企业家精神的影响，总结辽宁民营企业家的精神特质，通过比较寻找辽宁与国内民营经济发达地区的差距，为培育辽宁民营企业家精神、实现辽宁经济成功转型提供依据。

　第七章：当代中国民营企业家成长目标的战略选择。本部分主要依据中国经济发展的现实要求，考虑中国民营企业家形成的特殊背景，结合中国当前民营企业家的发展现状，同时针对民营企业家建设的战略任务，对中国民营企业家成长目标进行战略选择。首先从民营企业家所处社会宏观环境着手，确定了民营企业家成长的政治环境、制度环境、市场环境、文化环境等四个环境建设目标。其次论证了企业家个人价值观体系与社会价值体系的建设目标，旨在促进民营企业家个人价值观体系与社会主义核心价值观体系内在统一。

第八章：基于企业家精神的民营企业家成长对策探索。新常态下我国民营经济发展面临着巨大的机遇和挑战，如何引导民营企业家精神发挥积极作用，促进民营企业家健康成长变得十分紧迫。在这种特殊的背景下，伴随着经济的快速发展和政府政策的剧烈变化，企业家精神的有效发挥成了企业生存发展和民营企业家健康成长的关键性决定因素。本部分主要是以当代中国民营企业、民营企业家、民营企业家精神的发展历程、现状和地区比较研究为依据，在明确民营企业家成长战略目标的基础上，基于企业家精神，重点探讨了有利于民营企业家成长的对策措施。

三、重要概念界定

（一）企业家

企业家是一个复杂的、多含义的概念。西方学者从不同角度对企业家内涵进行了大量论述，但是迄今一直没有达成共识。"企业家"最早来源于法语中的 Entrepreneur 一词，有冒险家之意。法国经济学家理查德·坎蒂隆首先把企业家这一概念引入到经济学中。在 1755 年出版的《商业概览》一书中，他首先提出了企业家的概念，并把每一个从事经济行为的人，即按照固定价格购买而按不同价格出售商品的人称为企业家。古典经济学家边沁认为，收取贷款利息是企业家持续创新的创造性过程。萨伊认为企业家是生产要素的结合者和协调人，在《政治经济学概论》一书中，他将企业家定义为"预见特定产品的需求以及生产手段，发现顾客，克服困难，将一切生产要素结合在一起的经济行为者"[①]。美国经济学家奈特在《风险、不确定性和利润》一书中，进一步发展了企业家的有关理论。他认为企业家是不确定性的决策者，其首要功能是承担风险。在奈特的理论中，对不确定性与风险作了区分。他认为可以估计概率的不确定性是风险，无法估计概率的不确定性才是真正的不确定性，企业家承担的是不确定性而非风险。科兹纳在其著作《竞争与企业家精神》中，将企业家定义为："具有一般人所不具有的、能够敏锐地发现市场获利机会的洞察力的人。"[②]阿尔弗雷德·马歇尔最早将企业家作为独立的生产要素提出并进行研究，他认为，一般商品交换过程中，由于买卖双方都不能准确预测市场的供求情况，因而造成市场发展的不均衡，而企业家则是消除这种不均衡的特殊力量。企业家是不同于一般职业阶层的特殊阶层，他们的特殊性是敢于冒险和承担风险。

约瑟夫·熊彼特经过论证认为，经济增长的主要推动力是企业家，企业家是经济发展的带头人，是能够实现生产要素重新组合的创新者，他将企业家视为创新的主体，其作用在于创造性地破坏市场的均衡。动态失衡是健康经济的"常态"，企业家正是

---

① [法]让·巴蒂斯特·萨伊：《政治经济学概论》，赵康英译，商务印书馆1963年版，第373页。
② [美]伊斯雷尔·科兹纳：《竞争与企业家精神》，刘业进译，浙江大学出版社2013年版。

这一创新过程的组织者。只有通过创造性地打破市场均衡，才会出现企业家获取超额利润的机会。创新是判断企业家的唯一标准。熊彼特认为企业家是对生产要素进行重新组合，即建立新的生产函数的人，因而企业家必然是创新者。现代管理学之父彼得·德鲁克认为，企业家或企业家精神的本质就是有目的、有组织的系统创新，从产品创新到技术创新、市场创新、组织形式创新等。创新就是改变资源的产出，就是通过改变产出和服务，为客户提供价值和满意度。所以仅仅创办企业不一定是企业家，只有创新性地开展经营活动才是企业家。美国麻省理工学院教授彼得·圣吉认为，企业家是创新的催化剂，他们把热情与技能、决心结合在一起，将思想转变为了成果。哈耶克认为，凡是创造"人类合作的扩展秩序"的人，凡是负责"人与人之间合作"这项专业工作的人，都叫企业家。企业家是获利信息的敏感者，会随时利用机会进行套利。利本斯坦则认为，企业家是避免他们所属的组织出现低效率，从而取得成功的人。钱德勒认为，由一组支薪的高中层经理人员所管理的多家单位企业即可适当地称为现代企业的经理人员就是企业家。可见，在西方学者眼中，企业家是组织者、风险承担者、创新者、决策者、套利者、资源管理者、人力资本所有者。

我国学者结合中国的国情，对企业家的概念也进行了不同的界定。主要观点有：企业家是企业的经营代表人，是具有企业家才能的经营者，是承担企业经营风险的人，是经营人力资本的职业经理人，是掌握企业控制权的人，是高层管理人员或经理人员，是企业剩余的索取者。北大国发院联合创始人张维迎将改革开放以来的中国企业家划分为三代不同类型。第一代主要是农民出身的企业家。他们是农民转变的企业家，农村的能人，主要在制造业、商业方面有所建树；他们视野不宽，但吃苦耐劳。第二代主要是党政干部和事业单位的知识分子出身的企业家，出现在 1988 年之后，特别是 20 世纪 90 年代的"下海潮"中形成的企业家。他们有的在政府工作过，受教育程度较高，出过国眼界开阔，能够对国家发展趋势作出更好的预测，也有办法获得第一代企业家无法获得的资源。第三代主要是海归派和高科技出身的企业家。他们主要从事高科技、互联网行业，具有国际视野，能拿到国际资本。

与西方企业家相比，无论是从历史时间还是从所处环境看，当代中国企业家的成长过程，既有与西方企业家早期历史阶段的相似性，也有其自身的特殊性，还表现出某些不足：其一，当代中国企业家队伍是以业主制企业家为主体的，远不能适应现代经济发展的要求。据统计，我国现有企业中，大多数属于中小企业，这就决定了我们的企业家队伍的性质。而其他类型的企业家群体，技术专家型企业家、管理型企业家和复合专家型企业家主要分布在大型国企、大型外资企业及少数较为发达的民营企业之中。其二，我国企业家的理性意识不足。中国的传统文化本身就缺少现代理性和科学精神，加之中国经济改革之前是一个相对封闭的社会，企业家无从接受现代理性精神的洗礼。因此，从改革开放初期到今天，在企业家的精神现象领域中出现了大量的盲目性、冲动性等非理性行为。其三，我国尚未形成职业化的企业家队伍。大部分企业家或者属于政府任命的国有企业家，或者属于自我创业的企业家，在市场中还没找到拥有充足职业化资源的企业家。与西方相比，我们还没有进入"经理革命"阶段。因此，企业的发展只能依赖现有企业家自身的摸索和学习，这极大地影响了企业家群体的成长。其四，最根本的是当代中国企业家对企业家的性质缺少认知能力。也就是说，在市场经济初期，大部分企业家已经初步学会了赚钱生财之道，但他们对企业家的精神内涵还缺少足够的领悟与认知。当然，这需要一个漫长的实践、学习和反思的过程。[①]

同时，中国企业家还具有特殊的优势：首先，中国企业家没有经过职业化的训练固然是一个缺陷，但是，在全球化时代西方企业家的种种经验、理论可以被我们直接借鉴或使用，可以免于一些由于自我摸索而走的弯路。这就是当代中国企业家的"后发优势"。其次，企业家阶层有着较强的学习和吸收能力。据中国企业家调查系统组织的第十三次全国范围的企业经营者年度跟踪调查结果表明：我国企业经营者越来越重视学习，大部分企业经营者认为其个人学习能力处于中上水平。最后，中国的企业家群体具有浓厚的人文精神传统，在当代中国企业家身上主要表现为以下几方面。一是奋发有为的进取精神和英雄主义气质。中国企业家传承了几千年的君子自强不息、刚健有为的传统，努力在商海中追求卓越，超越自我。二是深厚的"和合"伦理精神。在中国企业家身上，较集中地体现了儒家重视人与人、人与社会的和谐关系的文化气质。他们注重各种人际脉络资源，主动搞好与政府、社会、员工、朋友、邻里的关系，从而为自己的事业寻求发展机遇。三是有自觉的社会责任精神，许多企业家致富不忘回报社会，主动承担社会责任。[②]

理论文献表明，企业家是一个随着历史的进程而不断演变的范畴。中外学者根据不同的研究目的对企业家进行定义，不同学者有不同的看法，大多只是反映了企业家本质的某一侧面，而没能全面概括和界定企业家这个概念。综合上述国内外学者对企业

---

① 参见季小江：《超越精神：论企业家自我的发展》，经济科学出版社2010年版，第24—25页。

② 参见季小江：《超越精神：论企业家自我的发展》，经济科学出版社2010年版，第25—26页。

家概念的解释，从广义层面理解，企业的创新创业者、企业的产权所有者、企业的经营决策权力持有者和企业家的风险承担者等都可以称为企业家。[①]

在现代工业化社会中，企业家被称为经济的"发动机"，纵观近代世界经济发展史，任何一段经济长期高速增长的背后都有企业家发挥着关键性作用。企业家是推动经济增长的主体，在推动产业升级、技术创新和制度变迁过程中发挥着不可或缺的重要作用，直接影响着一个国家或地区的经济增长和发展。不管是各种生产要素的积累、配置，还是技术或生产组织方式的改进，都离不开企业家的判断、决策和组织。40 多年来，中国企业家队伍为中国社会创造了财富，推动了经济的发展，也提升了中国的国际地位。但在这个全球化的时代，中国企业家队伍也肩负着更大的责任，面临着更大的挑战。因此，如何锻造一批优秀的企业家群体，涉及中国未来的创新潜力的发挥，也影响着现代化发展的进程。

（二）企业家精神

对企业家精神内涵的界定是研究企业家精神决定因素的逻辑起点。企业家精神并不是一个新名词，常有学者将企业家和企业家精神两个概念等同，实际上二者既有联系又有本质区别。企业家精神支配和决定着企业家的行为。企业家精神是一个多维的概念，很难对其明确界定。对于企业家精神内涵，不同的学者有不同的观点。目前，学者们对于企业家精神内涵的研究，比较有影响力的观点主要有如下几种：一是企业家精神的三个

---

① 参见严浩仁：《企业家成长环境和培育机制研究》，华夏出版社2007年版，第21页。

层次说，包括微观、中观和宏观三个层次，即个体、组织和社会三个层次。二是企业家精神的三个主要内容，包括约瑟夫·熊彼特所说的创新精神、马克斯·韦伯所说的敬业精神以及道格拉斯·诺斯从新制度经济学中提炼出来的合作精神。三是企业家精神分析的三个维度说，包括企业家精神分析的主体维度、时间维度和载体维度。也有学者认为，企业家精神的分析应当从五个维度出发，即分别从政治精神、商业精神、工业精神、社会精神和人格精神五方面进行研究。

约瑟夫·熊彼特对企业家精神的内涵进行了定义，他认为企业家精神包括：建立私人王朝，对胜利的热情，创造的喜悦，坚强的意志。管理大师彼得·德鲁克曾提出，创新、冒险、合作、敬业、学习、执着和诚信是企业家精神的七大要素。在《管理的实践》一书中德鲁克指出：企业家精神是一种为了追逐利润，在市场的不确定性中敏锐地发现盈利机会，并勇于承担风险，通过创业或创新重新组织资源或生产要素的特殊才能。米勒认为企业家精神是一种冒险、预见性和剧烈的产品创新活动。这些活动有助于推动组织成长很多利润率的提升。[①] 马克斯·韦伯通过"天职"的概念把新教伦理同企业家的作用直接联系起来，他认为具有企业家精神的人应该具有的品格包括：强烈的事业心、理性地追求利润、禁欲主义的生活观、倡导劳动致富、主张诚实公平交易等。在《新教伦理与资本主义精神》中韦伯指出，新教伦理培育了资本主义精神并支撑其发展，他认为新教徒具有勤勉、坚韧、节俭、诚实、守信等职业品质，这种"敬业精神"是构建近现代企业家

① Danny Miller.The correlates of entrepreneurship in three types of firms[J]. Management Science,1983,Vol.29（7）:770-791.

精神最重要的支柱。林恩则认为企业家精神的核心是一种价值观体系，是人们对各种事物的态度，包括对工作、生产、财富和储蓄的态度，以及对风险、失败、新信息、新发明和陌生人的态度等。[①]经济合作与发展组织将企业家精神定义为：勇于承担风险和创新，创新意味着创造新的产品和服务，承担风险涉及对新的市场机会的甄别。欧元之父、诺贝尔经济学奖得主罗伯特·蒙代尔认为，企业家精神是组织的动力引擎，具备企业家精神的企业家才能够创新产品，是天然的领导者，有能力预测供需的变化和市场风险，能够抓住机会、勇于冒险，使目标变为现实。

北京大学王曙光教授指出：企业家精神是从众多企业家中抽象出来的区别于其他人的系统的具有普遍意义的精神，企业家精神是一个非常广义的概念，很难对它下一个准确、永恒的定义。[②]中国企业家调查系统秘书长李兰认为，企业家精神是企业家群体共同的行为特征、思想品格和价值取向的综合体现，是企业家群体共同的精神气质和风貌。武汉大学庄子银教授认为，企业家精神是资本主义精神的扩展和延伸。相对于资本主义精神，企业家精神更强调风险承担和追求创新，而非仅仅谋求利润与自身社会地位的提高。丁栋虹认为，企业家精神通过企业家的行为表现出来，体现在企业家的商品生产和经营活动中，而且是优秀企业家共同的基本特征。企业家精神是表明企业家这个特殊群体所具有的共同特征，是他们所具有的独特的个人素质、价值取向以及思维模式的抽象表达，是对企业家理性和非理性逻辑结构的一种超

---

① Lynn Richard.The Secret of the Miracle Economy:Different National Attitudes to Competitiveness and Money[M].London:Crowley Esmonde Ltd,1991.

② 参见王曙光：《企业家精神的背后靠什么》，载《现代企业导刊》1999年第6期。

越、升华。企业家群体独有的、显著的精神特征就和其他群体特征区别开来，人们日常也把它看作是成功的企业家个人内在的经营意识、品质、胆魄和魅力所在，并以此为标尺来识别、挑选和任用企业家。[①] 暨南大学夏洪胜教授认为，企业家精神并非与生俱来，主要是在创业与成长过程中形成的，至少是被强化的。吴向鹏认为，企业家精神是一种人们竞相成为企业家的行为，它不仅是企业家的某些个体特征，而且是一种社会现象，是企业家这个特殊群体在企业经营活动中形成的，以创新精神为核心的，以风险承担精神为支撑的一种综合性的精神品质和意志，也是企业家推进工作、寻求机会，并通过创新和开办企业实现个人目标，满足社会需求的一种精神追求。[②] 黄文锋认为，企业家精神源于生命本源中不安分的动物精神，在人类的社会实践中表现为不甘平庸、视事业为生命的特征。具有这种精神的人总是追求突破自己的限制，表现出一种永不满足、永无止境的精神状态。破坏性创新是这种精神最突出的表现。[③] 作为中国企业家的思想交流平台，亚布力中国企业家论坛在《新时代的企业家精神》一书中对企业家精神的内涵进行了全面的梳理，并从六个方面进行了总结概括：第一，企业家精神是经济增长真正的驱动力，它促进了市场的开发、引导了分工的深化、激发了技术和商业模式的创新，最终实现了经济增长；第二，企业家精神是社会规范和制度的创新者；第三，企业家精神既是能力也是气质，前者包括洞察力和

---

① 参见丁栋虹：《企业家精神》，清华大学出版社2010年版，第2页。

② 参见吴向鹏：《文化、企业家精神与经济增长：浙商成长的经验研究》，浙江大学出版社2011年版，第14页。

③ 参见黄文锋：《企业家精神：商业与社会变革的核能》，中国人民大学出版社2018年版，第108页。

想象力，后者包括警觉和冒险；第四，企业家精神既是先天的也是后天的；第五，企业家精神既可能配置在生产性领域，也可能配置在非生产性领域；第六，企业家精神既可能配置在市场，也可能配置在体制，它们的合力，便是中国 40 年改革的进程。[①] 分析家和学者们还预言，企业家精神的复苏将在新世纪的几十年里创造更多的民营企业，促进经济持续繁荣，美国经济增长得益于企业家精神的复苏。[②]

综上所述，虽然企业家精神已经被越来越多的学者所接受，并且被认为是决定经济增长的一个重要因素，但是对于企业家精神内涵的界定却有着不同的理解，至今没有形成一个为大家所共同接受的准确而全面的定义。不同学者对企业家精神的理解各不相同，主要有三个原因：一是企业家精神是一种价值观体系，从不同角度来认识这一体系必然会产生不同的理解；二是企业家群体所共有的特质很难通过一个简单而明确的定义来进行全面概括；三是企业家精神的不稳定性也不利于统一定义的形成。不同研究者对企业家精神的不同理解虽然不利于使相关研究形成一个统一成熟的理论框架，但是通过不同的研究视角来理解和分析企业家精神，反而在客观上加深了我们对它的认识。

那么企业家精神的内涵到底是什么？综合国内外学术界对企业家精神的研究，本书认为企业家精神是企业家群体共同的心理状态、思维方式、价值取向和行为特征的综合体现，是企业家在投资经营活动和创新实践过程中所表现出来的精神特质的概括

---

① 参见亚布力中国企业家论坛：《新时代的企业家精神》，知识产权出版社 2018年版，283-284页。

② 参见马建广：《没有企业家精神，企业就不能存在》，载《时代潮》2003年第 8期。

与总结，其精神特质包括企业家的创新创业行动、机会发现冒险行为、个人价值取向、经营目标追求等方面。它反映企业家经营企业的态度、价值观、理想抱负等。结合《中共中央　国务院关于营造企业家健康成长环境弘扬优秀企业家精神更好发挥企业家作用的意见》，本书把优秀企业家精神的精神特质概括为 36 个字，即爱国敬业、遵纪守法、艰苦奋斗、创新发展、专注品质、追求卓越、履行责任、敢于担当、服务社会。

（三）民营企业家

在界定民营企业家之前，必须首先弄清楚民营企业的概念。与国有企业相比，民营企业的经营者似乎更具备企业家的天然性质——拥有企业的产权。民营经济是指民间私人投资、民间私人享受投资收益、民间私人承担经营风险的经济成分，其核心还是指所有权问题。我国现行法律或者政策是依据生产资料所有制性质划分经济类型，比如国有经济、集体经济、个体民营经济、外资经济等。在提及民营经济的时候，我国法律或者政策性文件一般以非公有制经济的形式表述。因此，非公有制经济和非公有制企业基本上就是指民营经济和民营企业。民营经济是具有中国特色的一种经济概念和经济形式。民营经济曾一度在中国消失，后来在中国经济体制改革和社会主义市场经济渐进发展中，民营经济得以复兴，成为中国经济高速发展的生力军。

我国真正意义上的当代民营企业应从 1978 年改革开放的个体经济算起。民营企业在 40 多年的发展过程中，从破土萌芽到曲折发展，走过了一段艰辛而又辉煌的道路。整体来讲，民营企业从早期的个体户开始，转而变种为合伙企业、集体企业，再到法律认可的民营企业，进而演变为公司制的现代企业，并逐步走上资本化运作的现代企业国际化运营之路。改革开放以来，随着国家发展目标的确定，党和国家对于民营经济政策不断宽松化，民营经济得到了飞速的发展，已经逐渐成为我国国民经济的支柱，是社会主义市场经济的重要组成部分，是我国经济社会发展的重要活力所在。随着我国社会主义市场经济发展，改革力度不断加大，民营经济成为社会主义市场经济的重要组成部分，民营企业进入快速健康发展新阶段，民营企业在经济社会发展中的贡献度越来越高，地位也越来越重要。

中国的民营企业具有以下特点：一是民营企业家具有创新创业精神。民营企业的成功在于民营企业家的创新创业精神，这种创新创业精神不仅包括艰苦的努力奋斗，还包括善于抓住机遇、敢于冒险的精神。二是企业经营活动以市场为导向。民营企业的经营目标就是实现资本增值、追求资本收益最大化，有将其利润进行再投资以实现进一步资产增值的内在投资欲望。在这一目标的驱动下，民营企业最大的特点就是其经营活动完全以市场为导向，将资本向市场需要的产品上转移，将资本投向边际生产率高的产业。三是企业具有灵活性和竞争性。民营企业完全在市场经济中的生存和发展具有很强的市场竞争性。四是实行家族式企业、非法人治理制度。我国的民营企业大多是家族式企业或合伙企业，无法真正形成现代法人企业制度。从经济学角度分析，家族式的管理模式，在创业阶段有其特定的优势。但在企业做大、做强、规范化的过程中，企业需要复杂的经营管理和组织结构家族式管理模式的固有特性，使其在大规模民营企业中表现出明显的局限性。另外民营企业规模偏小、产权结构不清晰，在完成了创业期的快速发展并形成一定规模之后，这种组织形式不利于其进一步发展。五是企业管理不完善。企业要想赢得并持续保有竞争优势地位，就必须拥有独特的运营活动和管理模式。我国民营企业的管理大多采用了成功企业的模式，在企业制度和文化建设上也以标杆为主，没有能力开发出适合自己的管理模式和企业文化。

民营经济的发展有力地支撑了国民经济的持续、快速、健康发展，是社会主义市场经济的重要组成部分。经过40多年的发展，民营经济的发展总量规模不断扩大，已成为优化市场环境、提高产业竞争力的直接动力，促进了国有企业产权结构的多样化和民营企业投资主体的多元化，并成为解决就业问题的主渠道。民营企业这些功能的发挥与民营企业家的艰苦奋斗和不懈努力有着必然的联系，没有民营企业家的经营管理与开拓市场，民营企业无疑是没有舵手的船，缺乏前进的方向。民营企业家是民营企业乃至民营经济发展的"灵魂"所在。中国的民营企业家诞生于传统计划经济体制的边缘，在计划经济体制的夹缝中依靠种种创新与冒险艰难争得生存空间，与中国改革开放的进程相伴而行，是一个尚在发展中的比较复杂的特殊阶层。中国过去40年的体制转轨和经济的高速发展，是一个民营企业家队伍从无到有、不断壮大和历练成熟的过程。回顾中国民营企业家的成长历程，主要经历了三个阶段：创业探索期（1978—1992年）、发展扩大期（1992—2002年）、成长提高期（2002—2020年）。中国经济新常态下，民营企业家由改革之初的社会边缘群体，已经逐渐成长为新经济精英，开始在经济社会生活中发挥越来越重要的作用。中国的民营企业家最初创业动机大都为改善生活状态，办企业的目的就是赚钱。企业发展后，民营企业家转向以精神动力为主，精神动力的强度与企业规模、发展年限、企业家年龄存在正相关关系。

所谓民营企业家，是指在民营企业内的具有企业家特质的最高层的优秀经营者，具有一定人力资本价值和素质的企业主，广义上也可以认定为民营企业主或经营管理者。民营企业家是一个不断形成和不断变化的社会群体。关于它的称谓还有许多，比如"私营企业主""非公有制经济人士""社会主义建设者""民营企业家""战略性群体""中产阶级"等。特别要强调的是，虽然民营企业是由民营经济投资形成的，但民营企业的出资人或者所有者并不一定是民营企业家。民营企业家一般具有以下一些特征：拥有企业所有权和收益权，而不仅仅是企业的管理者；掌握着巨大的社会财富和经济资源，在社会经济发展、财政税收、劳动就业、慈善公益事业等方面发挥了重要作用；拥有较高的文化水平，具有巨大和潜在的社会影响；随着经济实力的增强，其政治参与的意识日益突出，已成为现实政治生活中一支不可忽视的政治力量。民营企业家作为企业的经营代表人，拥有特殊的人力资本，通过对企业的各种资源进行有效的配置，为企业和社会创造财富，促进国民经济的增长。他们在我国的经济、政治、文化和社会发展方面做出了巨大的贡献，他们同其他劳动者一样，也是我国社会主义事业的建设者，是中国政治、经济生活的重要参与者，是创造财富社会生产劳动力的重要组织者，是目前中国社会正常运转不可缺少的有机组成部分。

四、重点难点和创新点

（一）研究的重点难点

何谓企业家精神？企业家精神最核心的精神特质到底是什么？不同时代的企业家精神的特征有何不同？企业家精神如何才能实现历史传承？企业家精神发挥作用的环境与动态影响机理是什么？哪些因素影响了企业家精神的形成与演变？企业家精神如何转化为企业组织持续健康成长的动力和源泉？如何揭示企业家精神与制度环境之间内在逻辑关系？如何优化有利于企业家精神培育的制度环境？如何规范民营企业家的非制度化政治参与行为？如何构建"亲""清"新型政商关系？如何改

善民营企业家的成长环境，加速民营企业家的生成和发展？如何引导民营企业家树立正确的世界观、人生观和价值观，积极践行社会主义核心价值观？这些既是本书研究的重点问题，也是难点问题。

（二）可能的创新与不足

企业家精神是理解社会经济变化的一个关键要素，在宏观上可以激发和保持市场活力、促进就业、提高生产力，在微观上可以促进企业创新、提高企业竞争力。加强企业家精神研究，有助于提高"企业家精神"在微观与宏观理论中的重要性。本书可能的创新之处主要有以下几点：第一，本书的研究涉及马克思主义理论、经济学、政治学、社会学等多个学科，并力图把这些学科的理论和方法交叉运用和融合；第二，本书坚持理论研究与实证研究相结合，在借鉴现有国内外重要理论研究成果的同时，特别注意结合我国企业改革的基本经验，紧密结合辽宁实际来进行系统研究，以实证的方法揭示当代中国民营企业家精神培育的特殊性和必要性；第三，本书运用历史和比较相结合的分析方法，对中国企业家精神演化历程、不同区域民营企业家精神发展状况进行研究，更好地揭示了企业家精神对经济增长和企业家成长的作用机制；最后，本书不仅系统研究了影响企业家精神培育的外部制度环境，还对企业家的内在成长机制进行了全面分析，试图为当代中国民营企业家队伍的成长提供相对科学的政策建议。希望本书的研究方法和结论可以为未来研究提供一定的基础借鉴。

本书仅为"当代中国企业家精神与民营企业家成长"研究提供了一个起步性的研究，粗浅、不足之处颇多。首先，由于缺少对民营企业家的经验性认识，本书还不能给当代中国民营企业家群体的精神现状给予精细的描述，整体上更倾向于理论研究，实证研究的调研数据有待更新；其次，由于是一个多学科知识的综合研究，对多学科文献的驾驭能力和综合分析能力有待提升；最后，囿于研究能力的局限，对企业家精神的经济学分析的工具和知识储备有限。书中若有不妥之处，望各位专家学者批评指正。

第二章

企业家精神研究的理论综述

    在市场经济背景下，企业家精神是一个永恒的话题。通过文献梳理发现，企业家精神并不是一个新现象，关于企业家精神的论述早在中世纪就已存在，对企业家精神的理论研究可以追溯到18世纪。从19世纪70年代中期至今，企业家精神越来越受到重视。自20世纪80年代以来，企业家精神在经济运行与经济发展中的作用越来越显著，企业家精神理论的研究也随之成为热点。企业家精神是多层面的现象，相关研究横跨经济学、政治学、管理学、社会学、心理学和教育学等广泛的学科领域。近几十年来，企业家精神的研究已经成为管理学、经济学中发展最快的领域之一。

一、企业家精神的理论溯源

关于企业家精神的研究经历了古典经济学、新古典经济学、现代企业理论、内生经济增长理论和新经济地理理论等阶段，其研究领域也在急速扩张：一方面它是企业家个人的表征，属于企业家私人信息的内在心理特征和品质，不同时期的企业家有着不同个体差异性；另一方面，企业家精神也是企业家群体社会角色、主体力量的表征，企业家精神具有区域、文化、制度等方面的特征。[①] 企业家精神的研究涉及多领域和多学科，来自经济学、社会学、心理学和管理学的学者们分别从个体层面、组织层面和社会层面研究企业家精神的决定因素。个体层面的研究集中于个体的心理和行为因素，主要研究人口统计特征如性别、创业年龄、教育程度、工作经验与专长、家庭背景等和社会特征对企业家精神的影响。组织层面的研究主要集中于企业组织结构和企业文化。社会层面的研究主要集中于宏观的政治制度和文化环境对企业家精神的影响。

企业家精神理论的研究成果主要集中在经济学领域，经济学家大量阐述了制度对企业家精神的影响、文化在企业家活动中的角色、企业家的人口统计学特征和个性特征、企业家精神在经济增长中的重要性，以及促进经济增长的生产性企业家精神和利用各种机会谋取私利的非生产性企业家精神的冲突等。在西方主流经济学的研究范畴中，企业家精神作为一个专业术语和分析模式，已经逐渐获得了学术界的广泛认可。约瑟夫·熊彼特提出的"创

----

① 吴向鹏：《文化、企业家精神与经济增长：浙商成长的经验研究》，浙江大学出版社2011年版，第14页。

新理论"和"创造性毁灭过程",威廉·鲍莫尔对生产性企业家精神、非生产性企业家精神和破坏性企业家精神的区分和阐述,以及约翰·凯恩斯提出和乔治·阿克洛夫进一步发展的"动物精神"等,便是从不同角度对创业和企业家精神相关内涵与外延所做的典范研究和取得的重要成果。

真正对于企业家精神理论具有开创性贡献的当数约瑟夫·熊彼特,当代的企业家精神理论研究主要发源于他。1910年,约瑟夫·熊彼特在归纳理查德·坎蒂隆、琼·巴普蒂斯特和阿尔弗莱德·马歇尔等研究者有关企业家的论述之后,明确地提出了企业家精神这一概念。熊彼特认为企业家精神是发现、推动新生产要素组合的本质,企业家精神是创造社会经济的主要要素。熊彼特论证了经济增长的主要推动力是企业家,他们通过开发新产品、新的生产方式以及其他创新活动来激发经济活力。熊彼特将企业家精神描述为一种"创造性的破坏过程",在这一过程中,企业家不断替换或破坏已有的产品或生产方式。[①] 马克思虽然对企业家理论没有直接贡献,但是他的研究方法对熊彼特的影响很大。马克思认为,经济体系的变化是有机的,而不是机械的;变化更多地来自经济体内部,而不是外部。这个观点被熊彼特完全继承。在熊彼特的理论中,经济发展过程是有机的,经济发展的动力来自经济体系内部的企业家创新活动。[②] 熊彼特之后,企业家精神理论研究逐渐形成了六大学派:心理特质学派认为企业家精神是驱

[①] 参见[美]约瑟夫·熊彼特:《经济发展理论:对于利润、资本、信贷、利息和经济周期的考察》,何畏、易家详、张军扩、胡和立、叶虎译,商务印书馆2000年版。

[②] 参见董昀:《体制转型视角下的企业家精神及其对经济增长的影响——基于中国典型事实的经济分析》,经济管理出版社2012年版,第30页。

动企业家所特有的独特价值观和态度，以及具体表现；大人物学派认为企业家精神是企业家一种直觉能力，具有第六感的特征，是企业家与生俱来的本能；古典学派认为企业家精神行为实际上也是一种创新的行为；管理学派认为企业家精神是企业家所具有的组织、拥有、管理以及假设风险等素质；领导能力学派认为企业家是领导者，他们有能力去调整他们的风格以顺应人们之需求；内部创业学派认为企业家精神技能在复杂的组织中具有极大的作用，组织间的企业家精神是发展独立的单位去建立市场，以及扩展服务。[①]

国内学术界对于企业家精神的研究起步较晚，20世纪90年代初开始，国内有关学者才开始引入国外的企业家精神理论来研究中国企业的成长问题，一直以来，国内企业家精神相关的理论文章和研究成果相对较少，尤其缺乏丰富的实证研究数据和理论的系统性。虽然"企业家精神"一词频频见诸媒体，但是理论文章和研究成果相对较少，尤其缺乏丰富的实证研究数据和对于理论的系统性研究。

近几年来，企业家精神研究日益引起学术界的关注，逐渐形成研究热潮。学者们对企业家精神的研究已经从个体层面扩展到企业层面和宏观层面，但是研究内容基本上还局限在企业家精神的内涵特质、企业家精神与经济增长的关系、影响企业家精神发挥作用的影响因素的范围内，研究内容主要停留在定性化研究阶段。目前对于企业家精神与经济增长关系的研究是国内学者关注的重点，其研究主要沿着两条路径展开：一是企业家的知识溢出机制，二是企业家的才能配置。但是这两个领域的发展均不成熟。

----

① 参见丁栋虹：《企业家精神》，清华大学出版社2010年版，第27页。

另外，研究中国企业家精神与经济增长问题的文献中大多数缺乏对中国经济现象的观察，解释力不足，研究有待进一步深入。

张桂平、张杰、林锋在《中国企业家精神录》中指出，中国早在先秦时代就产生了最早的朴素的企业家精神。中国传统企业家精神从先秦到晚清经历了从辉煌到衰落的坎坷曲折发展，在鸦片战争以后蜕变为现代企业家精神。新中国成立后，以"家国同构""家国情怀"为特质的中国企业家精神开始诞生。马克斯·韦伯曾在《新教伦理和资本主义精神》中提出，在中国和受儒家文化影响很深的东亚国家，无法产生真正的企业家精神，这被称为"韦伯命题"。北京大学王曙光教授通过分析论证，反驳了"韦伯命题"。他认为，人类的经济活动一直存在和演变着，企业家精神也早已存在，绝不是在有了资本主义之后才出现的。中国有着历史悠久的商业传统，中国的商业精神和现代企业精神也有相似之处。王曙光教授把中国的企业家精神分为四个历史阶段：一是传统的广义企业家精神，二是近代工业化初期的企业家精神，三是工业化迅猛兴起时期的新中国企业家精神，四是工业化高潮时期的改革开放以来市场经济下的企业家精神。[1]

二、企业家精神作用理论的研究综述

（一）经济学家对企业家精神作用的解释

企业家精神是经济增长的发动机。创新是企业家精神的主题，企业家精神主要通过创业、产品创新、技术创新、组织创新等推动经济增长。约瑟夫·熊彼特于 1912 年首次正式将企业家精神

---

[1] 王曙光：《企业家精神的背后靠什么》，载《现代企业导刊》1999年第6期。

的概念引入到经济发展中，他认为企业家的职能就是创新，企业家精神是"出于个人实现"的动机来从事创新性的破坏的精神。彼得·德鲁克在《创新与企业家精神》一书中指出："企业家认为变革是常规的。通常企业家们本身并不带来变革；但是企业家在寻求变革，对变革做出反应，并把变革作为机会予以利用。"①德鲁克基于企业实践，提出了创新机遇的七个来源：一是意料之外的事件——意外的成功、意外的失败、意外的外部事件；二是不协调的事件——现实状况与设想或推测的状况不一致的事件；三是基于程序需要的创新；四是每个人都未曾注意到的产业结构变化或市场结构变化；五是人口统计数据（人口变化）；六是认知、意义及情绪上的变化；七是新知识，包括科学和非科学的新知识。德鲁克的创新机遇来源的研究为熊彼特的企业家精神创新理论提供了机会识别的实践路径。

对于技术因素的作用机理，经济学界长期存在"外生增长理论"和"内生增长理论"两种立场。索洛等学者认为在不增加生产要素的前提下，提高技术可以改变生产曲线，使生产曲线上移，从而促进经济增长，也就是说，经济增长依赖于一个不确定的外生技术因素。罗默和卢卡斯等学者认为经济的长期增长不是依赖经济的外部力量（如外生的技术水平、外资等），而是依赖经济的内部力量（如内生的技术变化、资本积累等）推动的，也就是说，教育、培训等形成的人力资本和研发、创新等技术进步等内生要素决定经济的长期增长。他们认为，知识等因素可以通过自我积累、自我加强实现技术的持续进步，从而使经济长期发展，这样

----

① ［美］彼得·德鲁克：《创新与企业家精神》，蔡文艳译，机械工业出版社2007年版。

回答了现实中经济如何实现长期增长的问题。内生增长理论和新古典增长理论有本质的区别，但熊彼特创新理论成功地将两者统一了起来。资本积累和技术进步、创新行为不是矛盾的，技术进步、创新行为最终会转化为物质资本。继承了熊彼特创新思想的阿吉恩和霍威特指出，资本积累和创新形式是统一的，资本积累主要是由于知识积累与技术创新提高了资本的边际收益率，从而使得物质资本与人力资本的投资变得更加具有营利性。创新是经济增长的动力，而企业家精神的核心是创业精神和创新精神，企业家精神最终促进经济增长。

（二）企业家精神正向、负向双重作用

企业家精神对经济增长的作用到底是正向还是负向，理论界一直存在诸多争议。奥崔兹和凯尔巴赤参考道格拉斯生产函数建立数量模型，运用德国327个地区1992—2000年的数据，证实了企业家精神通过提高劳动生产率促进经济增长。然而，在《哈佛商业评论》这篇文章中，弗格斯分析了硅谷的半导体产业，提出企业家精神对经济增长存在负面作用。威廉和鲍莫尔在考察了古罗马、早期中国、中世纪、欧洲文艺复兴时期后认为，企业家活动对经济增长并非总是产生生产性的影响，还包括非生产性的，甚至是破坏性的影响。在特定的时代、特定的区域，企业家精神对经济增长的作用方向取决于当时当地的博弈规则（如经济结构、经济体制、经济环境等），这并不是说企业家精神不重要，而是说博弈规则的变化解释了企业家精神对经济增长作用的变化。经济学家威廉·鲍莫尔将企业家精神分为生产性的与非生产性的思想，受到了很多研究者的关注。学者们一致认为，只有那些具有生产性的创新型企业家精神才是重要的生产要素，是促进经济增长的内生变量，而非生产性的企业家精神对经济持续的发展将产生阻碍作用。

　　近年来，随着中国民营经济的不断发展，很多学者也从企业家精神的视角，对企业家精神的作用进行了研究。比如，清华大学副教授鲁传一较早尝试建立了基于企业家产品创新的内生增长模型，将企业家产品水平创新和垂直创新引入了经济增长理论，通过对模型的竞争均衡分析和社会最优均衡分析得出，企业家的产品创新活动是经济增长的动力，但是他的研究缺乏经验数据的支撑。近年来，江苏省社会科学院副研究员张超，着重从实证的角度来检验产品种类扩大对于中国经济增长的影响，填补了这一缺陷。南京财经大学国际经贸学院教授李杏基于系统广义矩估计量方法，利用 1996—2006 年中国 29 个省级区域的面板数据，计量检验了企业家精神对经济增长的正向作用。河海大学商学院杨宇和郑垂勇，用最小二乘法对全国各省、直辖市、自治区的数据进行回归分析，回归结果表明：随着时间的推移，企业家精神对各地区的经济增长的作用越来越大，而且在不同地区，企业家精神的作用存在差异，中部地区的企业家精神对经济增长的贡献更大。南京审计学院经济学院教授唐国华，基于最终产品部门的生产函数模型，对我国 29 个省、市的面板数据进行分析，结果表明，在 1996—2000 年期间，企业家人数和产品创新数量对于经济增长的回归系数均通过显著性检验，这说明企业家精神的内生动力对于经济增长的推动作用是显著的。

　　改革开放 40 多年来，中国在政治、经济、文化及社会方面都取得了巨大成就，尤其是经济的发展更是堪称奇迹。中国经济的发展一方面得益于政府一系列促进经济发展的制度安排，使得被抑制的生产要素得以释放和重组。另一方面，一大批富有创业、创新精神的企业家的涌现也为中国经济的持续发展做出了贡献。企业家精神的内核就是创新精神和创业精神。企业家精神的载体有三个层面：微观层面，主要是个体企业家；企业层面，主要是单个企业；宏观层面，主要是区域。企业家精神通过这三个层面的传导，最终促进经济增长。图 2.1 揭示了企业家精神作用于经济增长的内在机制和驱动力。

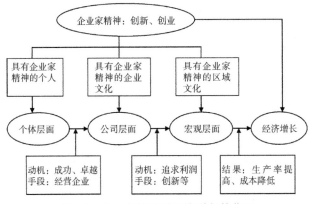

图2.1　企业家精神对经济增长的作用

（三）企业家精神生产性正向作用分析

企业家精神的载体是多元的，包括个人、企业和区域，因此凡是具有创业精神和创新精神的主体，我们都可以认为其具有企业家精神。企业家精神通过这三个层面的传导，最终促进经济增长。

1. 个人层面：追求成功和卓越

从个体层面上看，具有企业家精神的个体，往往具有强烈的追求成功和卓越的欲望，他们通过创建企业实现个人的欲望，形成企业家阶层，企业家精神在个体层面上最多地体现在企业家身上。在现实生活中，一个充满创业精神和创新精神的个人，往往不安于现状，具有强烈的改变现状的动机。他们具有追求成功、卓越、财富的强烈愿望，他们往往能发现机遇、打破常规。他们的这种精神往往能把社会的闲散资源充分利用起来，通过经营企业等手段，让资源发挥充分的作用。他们是形成区域企业家精神文化的基础，只有具备企业家精神的个人多了，一个区域才会形成良好的环境。

2.公司层面：持续创新赋予企业新活力

从企业层面上看，具有企业家精神的企业家为了追求利润，在竞争中获得有利的地位，往往会采取各种创新手段，努力争取企业的竞争优势，从而努力营造出具有企业家精神的公司文化，形成企业层面的企业家精神。这些具有企业家精神的个人在成功创办企业后，并不会满足现有的成就，他们会通过二次创业或者创新行为来促进企业的发展，这就让企业同样具有创业和创新的公司文化，使得企业本身具备了企业家精神。

3.区域层面：形成聚集效应和创新文化

从宏观层面上看，具有企业家精神的公司在区域上的大量聚集，形成相应的区域文化，从而促进区域整体生产率的提高、生产成本的降低，最终促进该区域的经济增长。具有企业家精神企业的大量积聚，会对其他企业产生巨大竞争压力，从而促使其他企业进行二次创业和创新，形成一个具有创业精神和创新精神的区域文化，最终促进区域的经济增长。

从这个过程我们可以看出，企业家精神的三个层面是一个有机的整体，个体层面的企业家精神是形成公司层面和宏观层面企业家精神的基础，而宏观层面的企业家精神是个体层面和公司层面企业家精神的最终表现，只有富有企业家精神的企业家多了，才会最终形成宏观层面的企业家精神。个体企业家的成功欲望是形成宏观层面企业家精神并最终促进经济增长的初始动力，只有具备对成功的渴望才有动力去经营企业，并带领企业进行二次创业和创新，从而带动区域内其他企业进行二次创业和创新，最终实现区域的经济增长。

（四）企业家精神非生产性负向作用分析

在市场经济条件下，企业家是最具活力的市场要素。作为社会财富的重要创造者和社会创新的重要引擎，企业家对于社会的健康发展具有举足轻重的影响力。当企业家借助其积累的职业技能和能量实施不道德行为甚至犯罪时，必然会给社会造成十分严重的危害。这种危害不仅包括巨大的财产损失或惨重的人身危害，而且还直接影响企业职工的切身利益和其他关联单位的利益。从这种意义上说，预防和减少企业家犯罪与维护社会的和谐稳定也具有内在联系。企业家精神非生产性负向作用主要也表现在个人、企业和区域三个层面。

1. 个人层面：贪大求强导致管理幻觉

一些企业家在某项业务上一旦取得成功，就认为自己无所不能，过分夸大主观作用，无论是管理模式还是管理组织架构，都刻意体现层次管理而降低了效率，盲目追求规模而增加了隐性成本，过度贪求市场效应而增加了广告宣传费用，不切实际的多元发展耗费了企业有限的资源。结果是企业和老板的知名度大了，企业的效益却降低了。而且众多模仿者和追随者的出现骤然加剧了竞争，破坏了企业原有的主业计划，使企业不得不动用超出预算数倍的资金才能维持主业优势。面对众多竞争对手，结果顾此失彼，穷于应付。一旦资金链断裂，企业就面临着发展停滞甚至倒闭的危险。

2. 公司层面：民营企业发展受限

改革开放40多年来，国有企业享有绝大多数资源的分配权，民营企业最大的障碍是如何冲破层层制度障碍。一些优秀的民营企业可以整合国外企业，但无法整合国内企业，限制了中国企业国际化的经营步伐。这导致企业家们只好采取回避策略，在夹缝中寻求出路。即使像冯仑这样的商界大腕也无奈地表示，民营资本从来都是国有资本的附属和补充，最好的自保之道是，要么远离国有资本的垄断领域，偏安一隅；要么与国有资本合作，使民营资本获得主流价值观的认可，创造一个相对安全的发展环境。

3.区域层面：民营企业生存困局

中小民营企业在起步阶段大都是自筹资金。而仅靠自筹资金，企业很难做大做强。调查显示，目前全国中小型企业数量在1300万家左右，其生存状况普遍不乐观，盈利压力较大。中小民营企业目前面临的困难主要在以下四个方面：一是企业经营成本持续攀升，表现在原材料、物流、能源和人力成本上升明显，直接影响企业盈利水平；二是相对于超过 60% 的 GDP 贡献和 77% 的就业人口，中小民营企业的贷款仅占同期贷款的 36.8%，承担的社会责任与其所获资源比例严重失调；三是中小民营企业税负依然偏重；四是中小民营企业生存和发展的政策环境依然不容乐观。

三、企业家精神的作用机理

企业家精神通过创新和创业两种机制促进经济的持续增长，主要表现在基于技术创新的高科技企业和基于业务创新的非技术类中小企业的大量创新以及大企业内部适应变革的各种组织创新和技术创新。企业家精神的作用机理如图 2.2 所示。

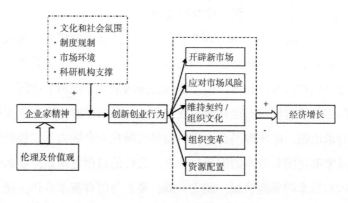

图2.2　企业家精神的作用机理

（一）企业家精神的核心作用

企业家精神是一种为了追逐利润，在市场的不确定性中敏锐地发现机会，并勇于承担风险，通过创业或创新重新组织资源或生产要素的特殊才能。

企业家精神的研究多关注个体企业家和公司创业为促进新商业事业萌生过程中的机会认知和资源聚合。基于最新的研究成果，霍斯克森、卡文、沃尔伯达和强生认为应该从更广泛的研究领域去发现机遇，为企业家精神领域的研究持续注入活力。此外，学者们还倡导把企业家精神的微观与宏观联结起来的多层次研究，关注企业家精神自身的变革及其作用，以及探索与激发企业家精神相关的不确定性，如创造企业家导向的成本，是否存在最优企业家精神水平等。

在企业家群体中，个人的作用至关重要。企业家是经济发展的推动者，企业家的直觉指导他捕捉机会，企业家个体在伦理及价值观上的差异会对企业家创业精神产生巨大影响。

（二）企业家主导的创新创业行为

依据利本斯坦对企业家特征的阐述，企业家精神产生的行为包括：第一，开辟新市场（如跨地域的买卖双方）；第二，应对了市场的风险和低效（弥补差距），例如，了解市场不存在的私人信息；第三，创造和维护历久弥新的隐含或明示的契约条款以及投入转换的组织结构（如打造组织的信任文化）；第四，筹备投入要素（即集结生产和营销一个产品所需的全部资源），企业家在进行风险创业时要面临投入的模糊性（但又是生产过程所必需的），产出也是无法事先确定的，是需要提供领导、激励和解决潜在危机境地的企业家精神、企业家独到的防患于未然的资源；第五，组织变革，在新的创新环境下，企业创新模式也由原来将技术研发、工艺革新、试制生产和商业化实现等创新过程线性化集中于单一企业，转变为网络内多结点企业的分散实现，形成具有资源互补、风险共担和协同合作等优势的网络化创新模式。安东西克和西斯瑞奇将组织的不断变革视为由企业家精神驱动的连续体。

创新创业对于经济增长尤为重要。技术创新是企业在激烈的市场竞争中得以生存的核心要素，企业只有引导市场需求，让生产具有前瞻性，才能在市场竞争中占得先机。创新创业创造了新的需求。领先者面临巨大市场，会形成垄断地位，并且能实施单独定价策略。但是，垄断厂商无法阻止其他厂商的跟进和模仿行为。因而，在位的垄断厂商的最优策略就是降低成本，扩大规模。模仿打破了原创企业的垄断，刺激了大规模的投资，促进了经济增长。同时，产品创新使产品新品种增加或质量提高，让消费者有更多的选择，增加社会总需求，进而推动经济增长。多样化的产品开发，也有利于完善消费结构，进而引导产业结构的合理化。产品创新往往导致新企业的出现，这些新企业最终演化成一种新兴产业，进一步把新产品的市场潜力转化为市场价值、企业利润和产业规模。

阿罗认为企业家精神促进经济增长是通过知识溢出完成的，但知识不会自动变为有用知识，在知识和有用知识之间存在一个"过滤器"的机制。阿克斯认为企业家精神就是这样一种推动知识溢出并实现知识商品化的机制。实际上，知识溢出意味着存在模仿行为，模仿也是一种创新。

（三）制度环境的调节作用

制度包括正式制度与非正式制度，企业家精神对经济增长的促进作用离不开制度环境。下面分别阐述文化环境、制度环境、市场环境以及科研环境等方面对企业家精神的影响。

1. 文化环境

制度理论将非正式制度理解为一种文化规范，非正式制度影响着个人的价值观和企业家行为，诸如文化、宗教信仰、风俗习惯等。少数学者沿着霍夫斯提德开辟的文化维度路径（包括个人主义、男性主义、对不确定性的规避、权力距离）研究企业家创业精神，但此类研究还是较多地关注不同文化间存在的差异，对于文化差异如何影响个人行为、组织行为，进而影响经济效率探讨得不多。塞皮罗和索科尔发展了一个模型，把生命路径的改变、愿望的感知、可能性的感知作为新企业起源的变量。这一模型综合考虑了制度和文化因素的关联性，提供了描述新企业起源的动力和障碍的动态框架。

在强调公平竞争的文化氛围下，企业家通过学校学习和在经济系统内部学习形成个人的知识，通过创办新公司和在位公司进行新组合创新，实现自身知识的外溢，而这种知识外溢的成果在公司内部和公司外部进行知识外溢循环，使得整个经济体系内的知识存量增加，从而促进经济的增长。此外，企业家通过所在公司进行新组合创新使得产品种类增加，对市场份额的争夺更加激烈，创新竞赛得以形成，这些都是竞争机制作用的结果。竞争使得市场对公司进行筛选，使得产业结构在动态竞争中得以改善。总而言之，无论是企业家个人进行创业，还是企业家个体通过所在的公司进行创新，都具有将新知识进行开发使用，转化为经济有用性知识的禀赋。因此，在位企业和新建企业这两个知识溢出的重要主体，在新知识的利用过程中，能够有效穿透知识过滤，将新知识转化为经济有用性知识。

相反，社会上普遍存在的对企业家的道德质疑，也会影响到企业家对自我价值和社会责任的认可度。在历史上，我国一直奉行重农抑商的社会经济政策，将商人与商事行为视为败坏道德风气的根源，如《吕氏春秋》中认为："民舍本而事末则好智，好智则多诈，多诈则巧法令，以是为非，以非为是。"这种历史传统造成了在观念上对商人的歧视心理，人们一向存有"无商不奸"的道德判断。在现实中，改革开放以来出现的贫富差距加大等现象，也促成了社会上较普遍的仇富心理，社会大众对先富起来的企业家致富手段的合法性、依法纳税、诚信经营等方面存有怀疑和否定的心态。同时，部分企业在经营中存在的无序竞争等方面的问题，也加重了公众对企业家的道德质疑。

2. 制度环境

制度环境对企业家精神具有重要的影响作用。制度环境通过产权结构、所有权结构、金融制度、金融市场发展水平、法治水平及法律制度、政企关系、政府管制等多方面对企业家精神产生影响。企业的行为内生于所处的制度环境，是既定经济环境下的理性选择，制度条件能够改变企业家从事某一行业的收益，从而影响企业家的决策偏好。良好的外部制度环境可以降低企业的交易成本，通过交易费用的降低，激励企业家为创新活动去承担必要的成本和风险，保护了企业家的剩余索取权，从而促进企业家精神的发挥。比如法律制度的完善，可以降低企业侵权的风险，对企业家是一种激励，有助于企业家精神的发挥。

在任何社会，政府的制度安排有效性都决定着企业家精神的健康成长和积极作用。企业家精神的培育和发挥，不仅仅取决于企业家自身所具有的特质，还取决于外部环境，尤其是政府制度环境的影响。通过梳理文献发现，学者们从多方面研究了制度环境对企业家精神的影响。如威尔特和斯莫本研究了转型期的制度对企业家精神的影响，认为制度环境对转型期国家或地区企业家精神具有重要的影响。学者们还具体研究了影响企业家精神的制度因素。如庄子银的研究表明，过度的政府管制、市场程度低、公正有效法律体系的缺失成为企业家精神产生和发挥的制度障碍；解维敏研究了产权结构对企业家精神的影响，发现与私有产权相比，政府控制不利于培育企业家创新精神，而法治环境的强化和地区金融发展水平的提高则有助于培育企业家创新精神；庞长伟和李垣分析了所有制结构对企业家精神的影响，认为大型民营企业最利于企业家精神的发展，而大型国企则限制了企业家精神的发挥。可见，学者们基本上一致认为制度环境对企业家精神具有重要影响，但是对于企业家精神与制度环境之间内在逻辑关系以及如何优化企业家精神培育的制度环境的相关研究目前来看仍然比较缺失。

目前，我国制度环境在促进企业家精神的发挥方面并不理想，产权保护、法律制度、金融发展水平等都有待完善和提升，这些因素都限制了企业家精神的培育与发挥。市场经济失范使企业家对诚信经营的信心不足。由于市场经济发展不完善，许多行业中存在大量的"潜规则"，企业家缺乏通过诚信经营获取利润的信心，这也在很大程度上影响到企业家精神的形成。中国企业家调查系统发布的《2012 中国企业家成长与发展专题调查报告》显示，在对于企业经营环境的调查中，近六成（59%）的企业家同意"不少企业家对进一步深化市场化改革信心不足"这一说法，超过七成（73.1%）的同意"目前愿意做实业的企业家越来越少"这一说法。这表明，企业家对企业经营环境的信心不足，缺乏发展的动力，直接导致了企业家通过短期行为包括攫取利益的倾向。

3. 市场环境

市场环境是保证企业家精神促进经济增长的保障。企业家精神通过技术创新推动经济增长的作用机理还体现在新产品创新是对旧产品的替代，是创造性破坏的过程。熊彼特指出，产品创新之后，更高质量的产品会压缩原有产品的市场空间，减少对原有产品的需求，这是一个破坏过程。但这种破坏过程对于原有的厂商也具有间接的增长效应。新产品的出现削弱了原有产品的市场竞争力，但原有产品的生产厂商并非消极地坐以待毙，在位厂商会进一步削减生产成本，提高生产效率，这意味着间接的增长效应。

和西方文化环境下的企业家相比，中国企业家整体上缺乏一种合作精神。这主要是因为中国社会是长期农耕文明环境下的、具有同构性的、小农经济的产物，这种经济环境下产生的企业家，其内部精神结构具有保守性、随机性和自足性，其行为模式更加趋向于内部争斗而不是外部扩展。我们观察到的事实是，诸多的竞争行为远远超过了合作行为，虽然竞争为一个自由的经济所必需，但合作尤其是关乎价值的合作，更是自由的市场经济所必需。因此，企业家的合作精神应该成为衡量其精神结构的主要维度之一。这显然需要在整个市场秩序的确立过程中形成。

4. 科研环境

科技机构和高校是科技创新的主体。传统意义上的高校以培养人才为主，而现代新型高校则越来越多地承担起推动技术进步和发展的重任，尤其在企业创新和发展高新技术产业方面，高校更是应该起到举足轻重的作用。从企业来看，为了谋求自身的发展，必须不断创新，研发出新产品。然而由于企业进行技术创新要投入大量资金且承担巨大的创新风险，并且其未来的收益还存在不确定性，因此，积极推动高等学校、科研院所与企业的协同创新，是促使科研成果向商品转化的桥梁，同时也是促进知识、经验、技术在当地扩散并最终促进地方技术创新与经济增长的有效途径。一方面它提高了高校科研成果产业化的能力；另一方面它使得研究机构的知识溢出效应更加凸显，部分知识在承受一定成本的条件下转化成企业特征的经济有用知识，使企业能低成本地获取溢出知识，从而降低企业获取创新资源的成本与创新的不确定性，提高企业的创新产出。

企业因知识溢出而产生的创新优势效应，在知识密集型产业中表现得尤为突出。经验性研究表明，邻近高校及科研机构对于穿透知识过滤，及时将知识转化为经济有用性知识，促进当地中小企业商业化创新的产生有显著的正向作用。这对于弥补中小企业创新投入能力的先天不足、拓展获取创新资源的渠道、提高创新产出具有重要的意义。阿克斯、奥哲驰和费尔德曼运用知识生产函数研究美国知识生产投入与创新产出，得出的结论是中小企业在利用高等院校知识溢出方面具有比较大的优势。产学结合加强了企业推出新产品、新技术、新工艺的能力，因此，产学结合是产生、接受、应用及转化知识的有效渠道。

四、企业家精神作用的动态演化机理

企业家精神到底发挥生产性作用还是非生产性作用，取决于企业家精神自身的驱动因素以及外部环境的作用。任何一个方面的副作用都可能导致企业家精神的非生产性作用效果。

（一）企业家精神的自身驱动因素

企业家精神是人类社会发展进步的根本动力，当然也是中国发展成为强大现代化国家的根本动力。一个优秀的企业家必然拥有强劲的、从内心源源不断涌出的驱动力。同时，一个真正的企业家一定是有良知和坚韧毅力的企业家。从近年来的情况看，企业家精神存在弱化现象。虽然很多企业的经营者也被外界称为企业家，甚至被媒体评为优秀企业家，但是，从实际情况来看，却已经很难再称其为企业家。因为，在他们的身上已经看不到企业家精神，看不到创业、创新、开拓、拼搏的意识和行动，所属企业已经完全失去了活力，失去了可持续发展的能力，更不要说与国际同类企业竞争。一些企业家诚信缺失、道德滑坡，过于强调利润最大化，违法经营，甚至不择手段谋求财富，给社会道德价值体系以及社会文明风气带来了极坏的影响。分析原因不难发现，这其中存在体制的问题、权力集中的问题、文化的问题等。另外，价值观的扭曲，也是一个不容忽视的原因。

人人都需要一个正确的价值观。对于组织的领导者，建立一个既服务于自己，又服务于组织的价值观尤其困难。企业家只有树立正确的价值观，才能够在企业遇到危机，或是需要重大决策的时候，恰当地行动，做出正确抉择，最终才能够坚定地引领企业走向远方。这个关口实际上拦住了很多人。他们无法率领企业再上一个台阶，根本上就在于心灵的境界不够。冯友兰先生把人生的最高境界，定义为天地的境界。在这一境界中的人已经看透了天地的逻辑，做事的格局完全是在为宇宙服务。中国所谓的圣贤，就是处于两个最高境界中的人。贤是处于道德境界，圣是处于天地境界。企业家的心灵问题，大多是居于道德境界以下的种种精神纠结和挣扎。在西方，最近非常流行企业的社会责任，以及企业的社会人等观念，说的是，企业虽然是利润的产物，是追求利润最大化的机器，但企业必须要兼顾其利益相关者的需要，做到真正的以人为本。

（二）外部环境对企业家精神的影响

企业家精神在很大程度上是一种区域性现象，区域和行业层面的企业家精神的研究主要集中于研究区域的文化环境、制度环境和市场环境。

首先，文化和社会氛围是企业家精神形成的深层原因。每个地区和民族都有各自的长处，民族文化对企业的形成和发展有重要影响。钱德勒在《企业规模优势与范围优势》一书中通过对美国、德国、英国 19 世纪末到 20 世纪 40 年代企业发展的考察，将美国的资本主义称为竞争型管理资本主义，英国企业更突出创业者个人的作用，而德国企业则是建立在合作基础上的管理资本主义。大致说来，美国文化推崇个人开拓、冒险精神，尊重个人奋斗获得的成功，崇尚克服困难、除弊革新的创业精神。因此，美国企业之间的竞争更加激烈，富于创新、勇于冒险、努力追求个人成功的企业家精神更容易形成。而在欧洲一些国家，如爱尔兰、挪威，创业的失败甚至被看作是个人的耻辱，这无疑影响了人们创业的热情和大企业采取创新和变革的积极性。可见，文化及其社会氛围对企业家精神的形成会产生促进或抑制的作用。

其次，政策规制因素不容忽视。政府对中小企业的建立和大企业内创业的支持及配套，对企业家精神形成也有重要作用。一些国家对企业的设立有严格的规定，而个人业主制企业在美国是一种流行的企业形式。美国有三种企业的法律形式，即个人业主制、合伙制和公司制。其中个人业主制企业占企业总数的70%，而且采取个人业主制、合伙制的小企业解决了美国58%的就业问题。美国还专门成立了中小企业管理局和小企业创业投资基金，勇于为中小型企业的投资和贷款提供担保。政府对大企业创新的支持，是企业家精神的重要内容。当前创业环境总体良好，但还存在一些不足，其中一个重要表现就是存在"玻璃门"现象，制度环境的缺陷削弱了企业家精神的正向作用。

最后，完善的市场环境有利于企业家精神的形成。企业家是善于利用资源创造财富的人。在美国，只有45%的创业者的资金来自个人储蓄，风险投资是创业企业寻求融资的主要方式。另外，中小企业的股票可通过美国纳斯达克市场交易，拥有较强的流动性和融资能力。美国著名的公司都经历过从个人业主制企业或合伙制企业到公司上市的阶段。相对成熟的资本市场促进了中小企业的建立和发展，为企业家精神的兴起创造了条件。

（三）企业家精神与环境的动态互动演进过程

企业家从创业期开始的每个成长阶段都渗透着各个企业家精神的要素，并在积累着这些要素，只是在不同阶段企业家精神要素的体现和推动力有所区别。企业家精神与外部环境的交互作用如图 2.3 所示。

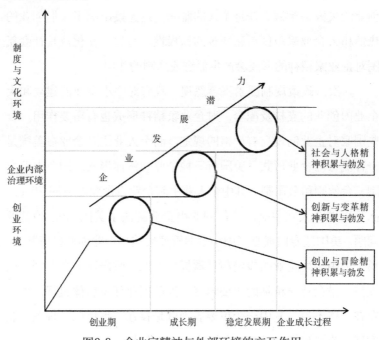

图2.3　企业家精神与外部环境的交互作用

一方面，企业家精神在不同影响因素下产生不同作用，在企业的不同成长阶段并不能截然分开，有些因素作用于企业成长和企业家精神形成的全过程，如文化因素、制度因素。只是在企业成长的不同时期，相较其他因素而言某个环境因素对企业家精神的积累起着更加重要的作用。

另一方面，在创业过程的不同阶段，企业家精神表现出企业家个人、企业家把握市场机会以及企业家与社会关系等不同层面的特征：企业家的创业与冒险精神、企业家的创新与变革精神以及企业家的社会与人格精神。其中，创业与冒险精神是敢于尝试、艰苦创业并勇于承担风险的体现；创新与变革精神是在市场经营中善于把握市场机会并勇于引入新的发展元素、打破均衡状态的特性；社会与人格精神指的是企业家回报社会、把个人价值的实现与企业的发展壮大同推动社会和谐发展融为一体的价值取向，只有企业发展壮大到一定程度，这个企业家精神的内容才能得以体现。

总之，企业家精神是有关变革管理、创新、技术和环境奔涌交汇、新产品开发、小企业管理、个人主义和产业演化等纷繁复杂的一系列事物交织在一起的现象。企业家自身的价值观以及创业环境的优劣，决定着企业本身对企业家创业精神是激发与鼓励还是压抑与打击。企业家精神的生成有赖于企业家自身素质的不断提高，但环境对企业家精神起着催生与强化的重要作用。

最后需要注意的是，企业家精神研究是一个基于企业创新实践并逐步向更广泛领域空间拓展的过程。企业家精神不仅存在于企业，它还具有广泛存在性，慈善机构、公共服务组织、政府部门甚至个人身上都存在企业家精神，并成为这些组织或个人发展成长的重要的内在驱动力。企业层面呈现的企业家精神是人类为谋求生存和发展而自身固有的自强奋进精神在当今社会的突出表现，这也是企业家精神研究的重点，但这种精神广泛存在于经济社会生活的各个层面，存在于历史发展的长河中，只有从更广阔的时空视角去审视企业家精神，关注企业家精神孕育、成长以及发挥作用的环境，才能从根本上把握企业家精神的实质。

第三章
中国企业家精神演化与历史传承研究

企业是一个社会的经济细胞，企业家以及与之相关的企业家精神是社会发展的中流砥柱，是推动社会经济发展的中坚力量，是一个社会真正的"经济基础"。中国民营企业为国家的经济发展、社会稳定做出了重要的贡献，民营企业取得成效的种种创新行为，逐渐产生了示范效应和跟进效应，诱导其他企业家在模仿和学习中获益，从而促进了民营企业家群体的逐步成长与壮大。本章在回顾中国近代民族工业和改革开放以来民营企业发展历程的基础上，剖析社会制度环境对企业家价值取向与行为特点的影响，总结不同历史时期企业家精神特质，旨在探寻当代中国民营企业家精神的源泉。

一、近代民族工业发展环境与企业家精神

"民族工业"是一个历史概念，有其特殊含义。从近代史的特殊背景下理解，民族工业是指我国近代民间私人资本所兴办的现代工业，与晚清和民国时期的官营工业相区别。19 世纪 60 年代末 70 年代初，中国最早的近代企业诞生，至 20 世纪 50 年代初，中华人民共和国完成对资本主义工商业的社会主义改造，中国的近代民族企业大致存在了 80 余年。我国近代民族企业发展深受当时社会环境影响，民族企业家精神在特定环境下表现出企业家经营活动的价值取向与行为特点。

（一）近代民族企业的经营环境

1. 政治环境

第一次世界大战后，西方列强加紧了对中国的经济侵略，牢牢地控制着中国的经济命脉。到抗战前夕，外国资本不仅垄断了中国的重工业、交通运输业，而且控制了中国的财政、金融以及若干主要的轻工业。

鸦片战争后，中国的政治经济格局发生巨变。各族人民的起义和抗租抗粮等斗争频发，几乎遍及全国，其中以太平天国运动的影响最大。为了挽救清政府的统治危机，清政府开始大力推行洋务运动，引进、仿造西方的武器装备和学习西方的科学技术，创设近代企业，开始向海外派出留学生并引进西式教育，等等。这在一定程度上使中国人的思想开始摆脱蒙昧状态。甲午中日战争之后，资产阶级改良派发起维新变法，在经济上明确提出要发展民族工商业。以此为契机，近代民族企业家开始出现，具有资本主义时代特征的企业家精神在他们身上已经开始萌生。当时的政府以法律条文的形式肯定工商业和商人在国民经济中的重要地位，民族工商业开始获得快速发展，民族企业家的地位得到了显

著提高。

然而，国内政局动荡，战乱频仍，构成了近代中国民族工业发展的障碍。军阀混战，使社会经济遭到严重破坏，民不聊生，社会购买力大幅降低。战乱丛生，军费支出的数额不断上涨，为了更快地筹集军饷，各省军阀对商民加征各种名目的捐税，如路捐、人捐、护商费、整理金融捐等，还对一些税赋进行"预征"，极大地加重了民族企业经营的负担。各地物价飞涨，通货膨胀严重，社会动荡不安，市场秩序遭到破坏，民族企业的发展一度出现停滞。

2. 制度环境

甲午中日战争之前，清政府推行厘金制度，同时不允许私办工厂，洋务派官僚也通过为官办企业申请专利的方式，来排挤和限制民族企业的正常经营，民族企业发展举步维艰。在甲午中日战争失败后，中华民族面临生死存亡之际，官营工业的垄断和低效遭到社会各界人士的质疑和抨击，"实业救国""设厂自救"的呼声日益高涨。为挽救时局，缓和舆论压力，清政府在权衡时局利弊后，政策导向开始转变，开始推行"新政"，进行了大规模的经济制度改革。最终放开了私人设厂的禁令，并颁布《振兴工艺给奖章程》《奖励公司章程》《公司注册试办章程》《矿务章程》等一系列法条，以鼓励民族资本主义工商业的发展，掀起了 20 世纪初的民间设厂热潮。辛亥革命后，南京临时政府推行了一些促进民族工业发展的经济政策，颁布了《中华民国临时约法》《保护人民财产令》《商业注册章程》等法律，这些举措在一定程度上推动了中国民族工业的发展。

近代商会的诞生也进一步稳固了民族资产阶级的地位，标志着其发展进入了一个新的阶段。19 世纪末，改良思想家郑观应最早提出了引入西方商会制度的设想，他在文章中指出，商会"乃商业振兴之基"，政府应鼓励各地积极兴办，并在各省成立商务总会进行统一管理。1902年，"上海商业会议公所"获批成立，对上海民族工业的繁荣发展起到了很好的促进效果。此后，天津、苏州等地也出现了商会组织，其影响力不断扩大，有向全国蔓延的趋势，政府也对其倍加重视。1904年初，朝廷颁布了《商会简明章程》，正式确定了商会的法律地位，并对商会的经费、职能、组织架构等做出了具体规定。在政策的倡导下，清末民初的中国涌现出了大大小小近千家商会，使得新兴的民族资产阶级拥有了维护自身利益的自治组织，一方面为其内部联络商情提供了平台，另一方面使原本涣散的华商势力集结了起来，在与外资企业的商战中发挥了重要作用。

3. 市场环境

洋务运动开启了中国近代工业化的大门。在此期间，洋务派官僚兴办了一批军工和民用企业，最具代表性的有江南制造总局、福州船政局、汉阳铁厂、轮船招商局等，标志着我国第一批近代企业的出现。然而，官营工业的崛起却在很大程度上挤占了民族工业的发展空间。其在生产和经营上具有极强的垄断性，不仅军用器械的生产被官办企业所独占，而且在其他领域也限制民间经营制造。官营企业对民族企业的排挤和扼杀也是屡见不鲜的。甲午战争失败后，官营企业的腐败与低效全面暴露出来，民族工业的发展速度开始超过官营工业。

随着帝国主义侵华势力的深入，洋货的大量涌入对中国民族工业造成了严重的冲击。一方面，外资采用商品倾销的战略，迅速占领市场，而民族企业实力较弱，在与外资企业的竞争中处于劣势地位，很快陷入产品滞销、市场萎缩的境地。另一方面，外资凭借其雄厚实力和在华特权对民族企业进行压迫和吞并。近代中国民族企业也是在本国封建势力和外国资本主义势力的夹缝中艰难成长起来的，从诞生时起便带有很强的对外依赖性，存在对外国资金、原料和机器设备的依赖。随着外国在华投资的大幅增加，民族企业面临的竞争压力与日俱增，根本无法与实力雄厚的外资企业相抗衡。

总之，中国近代民族企业诞生于国家积贫积弱的历史动荡时期，国家主权独立不保，民族企业在官僚资本、买办资本、外国资本的夹缝中求生存，所处的经营环境极其复杂多变。战争频仍，内乱不断，外患日炽，法制不兴，政治动荡，制度薄弱，市场无序，发展近代资本主义企业所需的相对安定的社会环境始终没有长期存在。民族企业表现出极强的依赖性与依附性，民族企业家表现出高超的经营应变能力，但民族企业家凤毛麟角，作为近代资本主义创新主体的民族企业家群体未能获得发展壮大。

（二）近代民族企业家精神特质

企业家精神特质通过企业家价值取向与行为特点来体现。近代中国，是一个缓慢而曲折的迈向现代化的历史性启动与萌芽进程，民族企业家是这个时期对"现代化"的感知最灵敏，也是最积极、最自觉的创新实践者。在不同时期，民族企业家们展现出不同角度的企业家精神特质。近代民族企业家精神，是国家现代化萌芽阶段企业家个人精神品质与价值观体系的总括，是社会经济观念与商业伦理在企业家群体事业发展中的体现，同时也反映了近代中国资本主义价值观体系与资本主义意识形态的萌芽状态。

1. 勇于实践，敢于创新

创新是企业家精神的实质。近代民族企业家不乏勇于开拓进取的创新精神，作为民族资本家，他们的创新活动可以归结为以下三点：一是企业组织形式创新。中国民族企业的组织形式由最初广泛采用的合伙制，逐渐转变为股份制，使民族企业得以面向社会公开募股，其扩张的能力大幅提升，加速了民族工业黄金时期的到来。二是企业战略创新。中国化学工业的先驱者吴蕴初先生曾说过："办事必须走在别人前面，要办别人没有办过的厂才有意思。"随着中国民族工业的发展，民族企业家们不仅在纺织、面粉等传统行业的企业战略目标更加明确，在化工、销售等新兴行业也有了很多尝试和突破。三是技术和管理创新。近代民族企业的技术和管理水平总体上来说是较为落后的，但仍有部分企业家为改变这种状况进行了大胆探索。

2. 中西合璧，学以致用

美国学者邓伯格指出：在同西方隔绝的长时期中，中国发展了一种不同的价值观念体系和经营方法，因而当这种隔绝被打破后，中国人就不得不从零开始学习西方企业家的活动方式。然而中国人有着长期官僚统治的行政和组织经验，一旦接触到现代化的企业，他们就在适当和有利的地方显示出学生般的聪明。仅就企业的经营管理方式而言，中国的民族企业家丝毫不亚于西方企业家。如中国"第一个实业大王"张謇认为，欲"使经营之事业效率""较普通人为大"：第一，须用科学方法，研究社会心理；第二，须用科学方法，度量社会经济。否则，所经营之事业，必难发展。在企业经营中，他把舆地万物、国政人伦、天人之际、古今之变都作为企业的相关因素加以通盘体察，同时强调企业家要参天道、明人事，而切于日用行习。

3. 胸怀家国，淡静自守

近代民族企业家表现出对于人生情感、道德义务、社会使命的深刻领悟，这种境界是一般唯利是图者无法企及的，是人生气量、道德、涵养、悟性、智慧、知识、经验、信念等正能量的累积，加之世道艰辛所带来的人生磨难的锤炼与催化，从而实现人格的超越，是近代民族企业家所获得的不逊于物质成就的精神成就。

首先，近代民族企业家具有强烈的使命感与社会责任感。张謇指出："策中国者，首曰救贫，救贫之方，首在塞漏，謇不自量，辄亦毅然自任以必成。"他在南通全方位的经济建设，使南通成为近代中国的模范城市。荣德生从事实业活动，秉承其父训："治家立身，有余顾族及乡，如有能力，即尽力社会。"航运大王卢作孚则怀着"实业救国"的目的，选择了轮船交通运输业，作为自己开拓实业的起点，他以轮船航运业为基础，其他实业同时并举，以自己的实业为中心，把实业与教育结合起来，促进社会改革，以达振兴中华之目的。

其次，近代民族企业家表现出对金钱物欲、个人利益的超然精神。张謇把自己历年经办实业应得的酬金数万两，全部捐出办学，自己的生活却十分俭朴，衣服都是补丁加补丁。大实业家荣德生常年穿着布衣、布袜、布鞋，一生不沾烟酒，一张白纸也舍不得浪费，甚至用香烟壳子写便笺。航运巨擘卢作孚长期与公司职工穿着同样的粗布制服，与公司职员一道排队买饭，他虽担任民生总经理，却没有一份股权，股东送给他干股，他也从不领取红利。

再次，近代民族企业家具有强烈的道德信念。张謇指出："吾国人重利轻义，每多不法行为，不知苟得之财，纵能逃法律上惩罚，断不能免道德上之制裁。"他的一些家书再三强调："当悟人生信用，作事一而二，二而一，若人格无亏，则事即艰厄，不至失败；即失败而非堕落，反是则事败而人亦随之矣。"荣德生在企业活动中不但讲求策略、方法，还"附以平心、守古语"，他曾立下禁例：他的继承者"经营范围专营实业，不可做投机买卖"。卢作孚提出："忠实地做事，诚恳地对人"，不准民生职工做私生意，不接受贿赂，更不准嫖娼吸大烟。

基于中国近代企业家诞生及其成长的独特环境，民族企业家的价值取向与行为特点，表现出强烈的创新创业、富于冒险的个人精神特质，具备尊重人才、尊重知识的价值追求，拥有不畏艰难、坚毅执着、坚持操守的精神品格，家国情怀、民族使命、社会责任成为支撑其事业成功的精神动力与精神源泉。近代民族企业家精神资源十分宝贵，是我国当代企业家精神的基础与来源，也是当代民营企业家创新创业的重要驱动力来源。但是，由于近代中国民族工业发展环境动荡艰难，民族工业发展缓慢、未成体系，民族企业力量薄弱，民族企业家阶层在社会中的影响十分有限。

二、当代民营企业发展与民营企业家阶层形成

与近代民族资本家生存环境相比，当代民营企业家的经营环境更加优越，摆脱了对外国资本、官僚资本的依附，依托国家强大的工业化进程驱动力量与市场机会寻求发展，借助全球范围内技术创新与扩散实现技术进步。中国当代民营企业经历了从允许其发展，到支持其发展、鼓励引导其发展的曲折过程。改革开放初期，政策环境不明朗，市场机会轻易可得；鼓励民营经济发展政策逐步得到确立后，少部分人闯入市场，大部分民众受传统文化影响、受计划经济思想影响、受计划经济体制束缚，面对市场机会徘徊不前，民营企业之间竞争有限；建设社会主义市场经济体系理论、制度、文化在全社会形成共识后，借助我国全面对外开放有利环境，民营企业迎来较快发展，民营企业家得以成长。回顾改革开放 40 余年发展变迁，当代民营企业和民营企业家成长主要历经了三个发展阶段，分别为创业探索阶段、发展扩大阶段和成长提高阶段。

（一）创业探索阶段

民营企业的创业探索阶段，大致是 1978—1992 年，整体上

处于"草商"阶段。20世纪70年代末，社会主义新中国建立近30年，国家层面上开始重新思考国际、国内的政治、军事、经济格局和社会发展问题，从国家战略的角度确立了立足经济发展，推进现代化建设的战略思路。经过多个五年计划和对新中国成立初期民族工业的整编，国家已经建立起了较完备的国民经济体系。在此过程中，广大农民为国民经济发展做出了巨大贡献，但生活水平却没有大的改善；由于与人民生活息息相关的轻工业发展较为落后，相较欧美发达国家，人民的物质生活水平还有待提高。最突出的事件是，1978年安徽小岗村的农民开始了家庭联产承包责任制，包产到户既是一种经营方式，也是所有制的调整，为个人财富的积累提供了制度空间，也为民营企业的发展提供了某种潜在的条件。

1978年，党的十一届三中全会召开，明确了全党的工作着重点转移到社会主义现代化建设上来，提出社员自留地、家庭副业和集市贸易是社会主义经济的必要补充部分，任何人不得乱加干涉。这既开启了中国改革开放的历史新时期，也开启了个体民营经济时代。1980年8月，中央提出在国家统筹规划和指导下，实行劳动部门介绍就业、自愿组织起来就业和自谋职业相结合的方针，将发展个体经济作为解决就业的一条途径，提出鼓励和扶植城镇个体经济的发展。1980年8月9日，黑龙江省哈尔滨市南岗区成立了全国第一家个体劳动者协会；12月，温州发放第一批个体工商户营业执照共计1844户，个体户章华妹领取了中国第一份个体工商业营业执照——工商证字第10101号。1981年底，全国个体工商户首次突破100万户。党的十二大提出了"计划经济为主、市场调节为辅"的改革指导方针，鼓励和支持劳动者个体经济作为公有制经济的必要的有益的补充。1984年1月，邓小平南方谈话后，决定开放14个沿海城市。受此驱动，很多人"下海"从商（新中国成立后共有三次下海经商浪潮，这是第一次，其后两次分别发生在1987年和1993年），该年被称为公司元年。股份制企业试点全面开展则是1992年，这意味着真正意义上的公司的成型，这是我国经济体制上的重大突破。第二次宏观调控的1986年是"七五"计划的开局之年，各地要求加快经济发展的呼声很高，在这一年的12月5日，中国个体劳动者协会在北京成立。从此，数以千万计的城乡个体劳动者有了自己的全国性组织。兴起于1984年的乡镇企业在1986年发展壮大，可谓异军突起。1986年底，乡镇企业的总数已经发展到1515万家，劳动力近8000万，向国家缴纳税金170亿元，实现总产值3300亿元，占全国总值的20%，"五分天下有其一"的格局悄然出现。而乡镇企业只不过是个体民营经济的变异。1987年，《城乡个体工商户管理暂行条例》颁布。党的十三大提出了建立计划与市场内在统一的体制，即国家调控市场、市场引导企业的经济运行机制，第一次公开明确地承认民营经济的合法存在和发展，并提出党对民营经济的基本政策是鼓励、保护、引导、监督和管理。中国民营企业（个体民营经济）迎来了第一次高峰期。民营企业发展的这一轮高峰期是在计划经济的框架内受益于政策取得的。

1988年全国人大七届一次会议通过宪法修正案，确定了民营经济的地位，进一步促进了民营企业的发展。但两年的经济过热，催生了通货膨胀。基于此，中央治理整顿，实施第三次宏观调控，采取紧缩财政政策和紧缩货币政策的"双紧"政策，严重通货膨胀被迅速有效地抑制，但中国经济增长也陷入了一年多的滑坡，市场疲软。民营企业在经济政策和政治环境双重影响下，受到沉重的打击，跌入低谷。

这一时期，由于计划经济体制并未取得突破，中央通过政策鼓励民营企业的发展；民营企业家的称谓尚未出现，出身草根的他们被称作"草商"，因而在这个时期也是民营企业的"草商"阶段。这种特性决定了民营企业者借助个人的胆识、魄力，发觉商机，敢于冒天下之大不韪，敢闯敢干。以小岗村家庭联产承包责任制和温州个体户营业执照、股份制为标志，下层（农民、个体户）自发的制度创新推动中央政策的走向。当这种自发的经济行为牵涉政策、法律、理论的空白时，则为中央的决策提供可研究和探讨的问题，使中央作出政策取向的改变或更正。

这一阶段初期，发展较好的"个体户""专业户"逐步发展成为小型民营企业，逐步形成了一些民营企业家，形成了中国民营企业家的最初形态。这时的民营企业家一般不具有现代经营条件，也不具有先进管理思想，民营企业家的生存主要依靠自己的聪明才智，经营着自认为具有市场潜力的产品。他们的心理活动常常是矛盾的，既要面对意识形态的激烈争论，又要面对现实市场的残酷竞争，常常会扮演一些扭曲变异的角色，不断地进行判断、选择，其磨难与痛苦也是常人无法体验的。1987年后，中国民营企业迎来了第一次大规模发展时期，在整个国民经济还处于"短缺经济"的条件下，中国的民营企业凭借低廉的劳动力成本、灵活的运行机制、快速的决策机制和合理的分配机制等优势，利用市场的不健全和管理的不规范，寻找行业结构的空白点，呈现出良好的发展态势。民营企业的规模不断扩大，民营企业家日益增多。

（二）发展扩大阶段

1992年，在改革开放关键的历史时刻，邓小平到南方视察，发表了一系列重要讲话，引发解放思想、加快改革步伐的热潮，也给民营企业吃了一颗定心丸。同年10月，党的十四大明确提出了建立社会主义市场经济体制的目标模式，民营企业迎来了第二次发展高潮。1993年，掀起了第三轮下海经商浪潮，一批企业巨人相继诞生。民营企业高速发展也对企业领导者的战略领导力提出了更高要求，战略领导者掌握运用系统的现代企业管理知识，完成对企业的正规化改造与管理。1992 年和 1993 年上半年经济过热，对此，中央从 1993 年到 1996 年采取适度从紧的宏观调控政策，使经济成功"软着陆"，进一步使社会主义市场经济走向完善，为抵御随后爆发的亚洲金融危机打下了良好的基础。

在这个时期，国有企业转制，民营企业如何取得一席之地的战略领导力要求体现在经济实力、人际关系和科学管理上。例如，到 1996 年，浙江将几乎所有的乡镇企业都变成了私人所有或股份制，而且股份制企业实行的都是"经营者持大股"；江苏原先发达的乡镇企业，到 90 年代下半期也几乎都变为"股份制"和"股份合作制"企业，几乎都是"经营者持大股"。这些经营者既要具有丰富的市场经济知识和管理能力，也兼备开拓市场的人际网络关系，还必须要有一定的经济实力。同时，国有企业、乡镇企业大规模地改制转变为民营企业，大胆尝试企业经营管理新模式，制度创新层出不穷，开拓进取精神十分突出。

1997 年东南亚发生金融危机，波及中国，我国对国际资本实施金融管制，没有受到金融风暴的直接影响，但随着整个亚洲经济的低迷，经济发展受到外需减少的影响，股市陷入低迷，消费市场冷清，经过几年的宏观调控，通货膨胀的压力日渐释放，通胀率几乎下降为零，但是，消费过冷的景象同时出现。随着这种市场环境的骤然变化，中国民营企业迎来了一个突如其来的"雪崩之年"，陷入短暂的低谷期。困境产生机遇。在面临东南亚金融危机的同时，我国国有企业改革的进程却在加速。在"抓大放小"的整体思路框架下，国有企业改革的思路有了微妙的变化：国有资本从完全竞争领域中大面积退出。1998 年中央实行积极的财政政策和稳健的货币政策的宏观调控。这些为增强国内需求而实施的措施，也为民营企业的发展提供了机遇。在此期间，中国互联网的发展取得突破，进入一个空前活跃的发展时期，四大门户网站在这个阶段成立。1999年《个人独资企业法》颁布，这在放宽市场准入、鼓励民间投资和扩大内需方面具有重要意义，对民营企业和个体工商户具有特殊的意义。2000年中央决定实施西部大开发的战略，这又为民营企业的发展创造了一个腾飞的机遇。在新的浪潮中，民营企业的战略领导者在充满市场机遇的时期，创新经营方式，拓展经营领域，对企业的扩张和竞争力的增强起着重要的作用。

从1992年到2002年，是市场经济的初期或者说是过渡期，民营企业的发展始终伴随着国有企业的改革，民营企业与外部环境的角力，似乎更表现在中央为排除思想束缚所做的努力，当然，多方利益较量与博弈贯穿其中。民营企业更多地从微观层面与国有企业展开经营模式竞争。当中央政策为国有企业改革指明方向后，民营企业数量快速增加，数量增加带来竞争实力增强的压力。首先，在国有企业改革进程中，原国有企业具有较强的经营管理能力的职工、领导，转型成为民营企业经营管理者。其次，党政机关"下海"从业人员利用自身原有的政治影响力，整合各种资源，成为企业的掌门人。最后，原先实力雄厚的民营企业，并购国有企业，实现快速扩张发展。

这一阶段，大多数地区地方政府保护地方经济的行为，是围绕促进民营企业的市场活力展开的，扭转了1987年之前多数地区以家庭作坊、个体工商户为主的非公经济形态，民营企业迅猛发展。1988—1994年期间，多数地区都存在一定数量以集体企业名义存在的民营企业，在企业组织形式上也以多种形式出现，现代企业制度在许多民营企业逐步建立，企业发展规模与速度急速扩张。1994年之后，地方政府对民营企业产权保护明显增强，主动出台各种政策来促进民营经济发展。如：推进民营企业产权改革，加快法律法规建设以及改善政府组织的治理。1994 年之后，民营经济进入了快速发展时期。按照世界银行中 FIC 关于中国民营经济发展的研究报告（2000），1991—1997 年期间，中国民营企业的数量、吸收就业和产出的年平均增长率分别达到了 45.9%、41.0% 和 70.9%。一大批建立现代企业制度的民营企业快速成长。

这一阶段，随着市场经济的成熟和发展、现代企业制度的建立、企业管理的变革、企业规模的扩大以及部分民营企业两权分离的出现，涌现出一批民营企业家，民营企业家阶层开始形成。有关资料显示，1992—2000 年，我国民营企业从 13.96 万户发展到 176.2 万户。同时，个体户由 1533.9 万户增加到 2571.4 万户。这一时期的民营企业发展，既需要民营企业家高超的战略领导力，又需要过人的政治胆识与勇于担当的勇气。许多有头脑的技术和管理精英，纷纷抛弃"铁饭碗"，"下海"创业，宗庆后、马云、俞敏洪等一大批优秀企业家，立于时代潮头，在复杂多变的现实环境中，凭借对危险和机会的敏锐判断，依靠对国家的信赖，对党中央政策的信任，对社会主义建设事业的信念，世事洞明、格局练达、勇往直前，表现出当代民营企业家更加深邃的企业家精神境界。

（三）成长提高阶段

2003 年十六届三中全会通过的《中共中央关于完善社会主义市场经济体制若干问题的决定》，提出建立健全现代产权制度，大力发展混合所有制经济，推行公有制的多种有效实现形式。2003 年重庆力帆实业（集团）董事长、重庆市工商联会长尹明善当选为重庆市政协副主席，成为改革开放以来首位进入省级政协领导班子的民营企业家，标志着民营企业家登上政治舞台。此后，在全国人大、全国政协和地方人大、地方政协等都有民营企业家的身影。2004 年宪法修正案，把"私有财产不受侵犯"写入宪法。2005 年《国务院关于鼓励支持和引导个体私营等非公有制经济发展的若干意见》出台。2007 年第十届全国人大五次会议通过了《物权法》和《企业所得税法》。2007 年中共十七大报告提出坚持平等保护物权，形成各种所有制经济平等竞争、相互促进新格局。伴随这一理论探索、思想解放、制度创新的历史进程，非公经济逐步壮大，非公经济在社会主义市场经济体系中的主体地位得以确立。民营企业、民营企业家茁壮成长，民营经济社会新领域形成，民营企业家社会新阶层初步形成。众多创业成功的民营企业家志存高远，持续努力，推动现代企业制度建设，提高企业经营管理综合实力，带领企业跻身行业龙头地位，甚至成长为世界 500 强企业，成为新时期社会主义劳动者、建设者。他们的成功无不折射出我国当代民营企业家不断创新、锐意进取、百折不挠、自强不息的奋斗精神，饱含着改革开放后第一代创业者的历史责任感与使命感，在我国社会主义市场经济事业进程中做出了突出贡献。

2008 年发端于美国的全球金融危机，影响到我国经济增长，出口陡然下降，民营企业的发展受到大面积冲击。即使是在这种极为不利的情况下，民营企业在数量、社会贡献等方面也保持了增长。此外，民营企业对社会公益事业的发展做出积极贡献，例如，据全国工商联对上报的 8000 多家会员企业的不完全统计，汶川地震发生后不到 1 个月，累计捐赠款物 624 亿多元，其中捐赠额 1 亿元及以上的民营企业就有 5 家，民营企业组织员工参加志愿者队伍，为奥运会、残奥会的顺利进行，为我国国际形象的树立和国际地位的提升做出了重要贡献。民营企业能够站在国家战略发展高度，审时度势，讲奉献，顾大局，民营企业家精神进一步丰富、升华。面对国际金融危机的冲击，多数民营企业家一方面积极创新应对，另一方面积极履行社会责任，许多民营企业家公开表示不裁员、不减薪，以实际行动缓解严峻的就业形势，为保持社会和谐稳定做出积极贡献。

与此同时，由于这段历史时期社会主义市场经济体制机制不健全，法律制度存在缺失，全社会对于非公经济地位、作用持续探索。民营企业自身一方面得到了快速成长，民营企业家成为大量财富的拥有者、资本掌控者、政治参与者、文化影响者，成为社会精英、成功人士，广受追捧；另一方面，民营企业家对于自身的地位、前途、财富普遍存在担忧，担心企业快速创富的创业过程被清算的隐忧十分普遍。在此种深刻历史背景下，一些民营企业家丧失理想信仰，个人道德修养缺失，盲目追求财富扩张，甚至不择手段、违法经营，造成极坏的社会影响。还有一些民营企业家创业成功取得财富后，将自身所担负的社会主义劳动者、建设者的责任与使命抛诸脑后，沦为物质财富的奴隶，精神空虚、生活堕落、奢靡成风、贿赂官员、危害社会，招致广大民众对民营企业家阶层的深度不满。一些民营企业家的诸多不良行为以及负面价值取向，因其社会地位的特殊性，进一步在全社会造成极坏的影响，加剧了社会风气的恶化，攀比、享乐、物欲、不择手段等扭曲的个人价值观滋生、蔓延；虚夸、欺瞒、唯利是图等极端错误的社会价值取向侵蚀着社会主义主流价值观，威胁社会主义市场经济建设大业。这段历史时期，我国民营企业家的创新实践活动，表现出创新创业的积极一面与价值缺失的消极一面并存。

党的十八大以来，非公有制经济发展的制度环境、法律环境进一步完善，党的十八大及十八届三中、四中全会为非公有制经济创造更有利的发展环境。党的十八大提出了"全面深化经济体制改革""全面推进依法治国""深化行政体制改革""建设生态文明"等目标，并突破性地将法治和生态文明作为社会主义建设的重要内容。十八届三中全会贯彻落实十八大战略部署，通过《中共中央关于全面深化改革若干重大问题的决定》，明确提出六个"紧紧围绕"，并在此基础上就市场经济体制改革、生态文明建设、政府职能转变、法治建设等方面做出了较为全面、具体的方针政策。十八届四中全会通过《中共中央关于全面推进依法治国若干重大问题的决定》，将依法治国作为本次会议的主要议题。该《决定》明确提出"社会主义市场经济本质上是法治经济"，并分别就市场法律制度建设、生态文明法律制度、依法全面履行政府职能、优化司法职权配置等方面提出要求。我国民营企业发展进入一个全新的历史发展阶段。党的十八届五中全会进一步明确指出，到2020年全面建成小康社会，是我们党确定的"两个一百年"奋斗目标的第一个百年奋斗目标。党中央所确立的经济社会发展战略目标，不仅为民营经济发展提供了广阔空间、良好环境，也为民营企业家、企业家精神建设提出了更高的要求，同时，也赋予了我国当代民营企业家更大的历史责任。

这一阶段，一方面，我国大量民营企业承接了发达国家的产业转移，企业营业收入显著提高；另一方面，由于企业不断发展壮大，迫使企业经营者开始重视并学习科技和管理知识，同时，招贤纳士，提高企业管理水平。有的不惜重金送子女到国内外学习培训，培养高素质接班人。还有一些大学生自主创业。民营企业的创新能力和核心竞争力显著增强，民营企业家的社会经济地位、政治地位也随之不断提高。同时，民营企业家反馈社会、承担社会责任的意识逐步树立，参与中国特色社会主义建设事业的主人翁意识明显增强。民营企业在自身发展壮大的同时，在就业、税收等方面的社会贡献度不断加大，积极参加社会公益事业，开启了社会主义事业与市场经济的融合发展。有一批民营企业"走出去"到国外投资，跨国经营，开拓国际市场。

三、当代民营企业家精神演进历程与主要表现

当代中国民营企业的发展，既与国家政治环境变迁息息相关，又铭刻了民营企业家群体独特的个人精神追求。当代民营企业家精神孕育于民营企业经营发展环境逐步改进、逐步完善的历史进程。改革开放以来，对应中国民营企业的不同发展阶段，中国民营企业家精神发展也经历了萌芽期、发展期和提升期三个阶段。与民营企业发展相对应，在艰难创业阶段，民营企业家精神主要表现为利益与市场、利益与责任；在快速发展阶段，民营企业家精神主要表现为尊严与独立、产权与资本；在全面对外开放阶段，民营企业家精神主要表现为理性化、全球化、创新精神与人文精神。

（一）民营企业家精神的萌芽期

改革开放初期的民营企业艰难创业阶段，从政策和法律角度上，尚未打破计划经济体制的枷锁。在此环境下，民营企业（个体户、民营企业）求生存、谋发展，敢为天下先，具有闯荡江湖的冒险精神、过人的胆识与魄力以及敏锐的市场洞察力与敏锐性。一定意义上说，是具有企业家精神的当代民营企业家创新实践行动，促进了改革政策与制度的创新。

1. 民营企业家的价值取向与行为特点

企业家精神理论认为，企业家是一类特殊人群，改革开放初期成长起来的企业家群体很好地诠释了这一理论论断。无论是小岗村村民、温商、浙商、粤商，还是年永久、马胜利、牟其中、史玉柱、张瑞敏等当时的知名企业家，都在创业行动中展现出以创业改变命运的执着追求；也都在创业过程中体现了企业家对商

机敏锐的直觉，以及不畏艰难迅速行动勇于驾驭商机和在商海沉浮中不断开创新局面的企业家气质——持续创新精神。

企业家存在不同类型，只有外部环境与企业家类型相匹配时企业家精神才能显现。由于个人成长经历、所拥有的资源不同，这一时期企业家们在价值取向及所采取的行动上出现了很大的差异。首先表现为创业与否的差异。以小岗村村民、年永久和浙江温州商人为代表的群体，为了生存和富裕而甘冒国家政策的风险不屈不挠地艰难创业；而更多的企业家在以其他形式展示自己的才华和积累商业经验。其次，这一时期企业家们面对市场机遇对发展路径的选择，也体现了企业家价值取向与创新行动差异。有的企业家善于捕捉稍纵即逝的机遇，成就斐然，但也会因为不能全面驾驭而功亏一篑。企业家们失败与成功的经验教训再次验证了对不确定性的驾驭能力对企业家成功创业的作用，一些企业家的失败还印证了优秀企业家资源的稀缺性，而有的企业家在低谷后重新焕发生机的经历更说明了企业家需要有成长的过程。

艰难创业阶段，大批优秀民营企业家表现出积极创新的行动实践，追求财富与事业成功的个人价值取向。随着民营企业的不断发展壮大，这种极富时代特点的个人精神特质与精神追求表现得更加淋漓尽致，并且不断寻求技术、知识、经验支撑，民营企业市场经营能力得以提升。伴随这一进程，民营企业家进一步表现出更加广阔的发展视野与社会责任担当。鲁冠球在选择万向节主打产品的过程中，不但考虑了国内国外市场的潜力，还考虑到了竞争现状与前景，从而及早树立了质量战略并不遗余力地抓住国家定点生产企业的机遇；希望集团的刘氏兄弟在企业创立不久，就瞄准了国际知名公司的细分市场，并以技术创新迅速获得了广阔的发展空间；任正非在选择通信设备市场时也看准了其发展潜力，迅速抓住了其竞争特点，出奇制胜，制定了技术创新谋求发展的长期战略；张瑞敏在入驻海尔之初就提出了优秀企业代表一国形象的见识，并以企业创新发展行动实现了为国争光的志向与精神诉求；柳传志因多年研究成果无用武之地而奋起创办企业，以实现科研的社会价值，进而跃升为国家科技产业而奋斗的精神价值追求。

在商品短缺的特定历史背景下，机会经济向市场经济转换的历史进程中，当代民营企业家粉墨登场，冒险捕捉商机，勇于创新，敢于成功。这其中涌现了大批优秀企业家，心存致富报国的远大理想，甘于置身不确定和模糊的商业竞争环境，不断学习现代企业经营技能与管理知识，积极关注国家大政方针走向与历史发展趋势，把自己的事业发展与国家命运相结合，同呼吸、共命运，走在历史发展的潮头，成为时代的弄潮儿，为计划经济向市场经济转型、国家命运转换、时代进步做出了积极贡献。即使是那些遭遇了失败的企业、企业家，也为中国当代社会主义发展道路创新实践探索，做出了历史性贡献。

2. 民营企业家精神的主要表现

从 1978 年开始实行改革开放，到 1992 年邓小平南方谈话进一步推动了市场化的经济改革，这一阶段也正是当代中国企业家精神的萌发和初步形成的阶段，民营企业家开始有了身份意识、责任意识、利益意识和市场意识。

在计划经济时期，人们的生活方式基本固定在农村的小队、大队、公社中，或城市的单位中，社会人员的流动性很小。因此，这种社会结构在实际的功能上与传统的乡村社会大体一致，即人们生于斯、长于斯，生活水平大致相等，按照既定的风俗、惯例、习俗等相互帮助，共同扶持。因而，改革前中国人的生存方式基本上是一个伦理社会。从国家、集体到家庭所倡导的社会主义观念本质上与传统伦理观念形态极为类似，即反对个体至上的集体主义原则。随着市场启动，个体意识、致富意识等现代主体意识开始萌发。中国早期的经济改革的起点，是以最为直接简单的如何提高微观经济效率为切入点的。20世纪80年代初，在城市改革中实行了"承包制"和"厂长负责制"，出现了"承包人""个体户"等新名词，在农村出现了乡镇企业性质的"农民企业家"等称谓。由于中国的改革是"渐进式"的，企业家的主体意识也是逐步确立起来的。在这一时期，企业家作为一个社会性质的、职业性的概念才开始在社会上被人们所认知，企业家自我的精神特征也开始初步显露。

首先是物质利益意识。20世纪80年代的城市企业改革和乡镇企业的发展都是在"让一部分人先富起来"的政策指导下进行的。经营者的经营意愿、热情和斗志是在当时的物质刺激和相关的激励机制下产生的，如国营企业"承包者"更多地追求完成任务之后的物质奖励，诸如奖金等。物质利益同样是"下海"的民营企业家和农业企业家的动力源泉，他们一开始经商的目的就是为了摆脱原有的恶劣生存环境，期望获得更好的物质报酬。因此，利益原则对他们来说是第一位的。

其次是责任意识。城市改革中的"承包制"和"厂长负责制"的实行，使原来隶属国家行政系统的厂长变成了"承包人"的角色，他们开始在生产、人事、奖金等方面有了一定的自主权。在农村出现的"农民企业家"，他们一开始就是企业自负盈亏的承担者，比国营企业的经营者有更多的自主权。这就是为什么当时的乡镇企业比国营企业的经营更灵活、更有效的原因。尽管当时的民营企业家们还没有完全摆脱种种束缚，但是，作为企业家自主经营的特征已经开始显露，因此，他们对经营者的身份意识也有了初步的认同。

最后是企业家的市场意识。随着"双轨制"逐步向单一的市场经济转轨，国营企业家追求企业发展从完全依赖政府，到不得不逐步学会到市场中寻求企业的发展空间。"农民企业家"、个体经营者则一开始就是在市场中找生存空间，甚至他们早期的市场行为还往往被指责为"投机倒把"。在这一时期，社会上掀起"下海热"的经商浪潮。他们作为最初与市场经济相接触的不成熟的企业家初次登上历史舞台。

（二）民营企业家精神的发展期

民营企业经过十余年发展，已经从少到多，由小变大，对民营企业等非公经济的地位、发展方向等出现社会分歧，非公经济发展外部环境不确定性增大。民营企业自身发展也进入内涵建设新阶段，建立现代企业制度，完善企业经营管理，提升民营企业竞争力摆上重要日程。

1. 民营企业家的价值取向与行为特点

中国民营企业发展的第二个十年，政策支持、发展环境得以延续，民营企业家得到磨砺，企业家精神在机遇与挑战中得以孕育成长。面对世界经济全球化、亚洲金融国际、IT 业迅猛发展和泡沫破裂，大批国有企业倒闭和转制、中国加入 WTO 等纷繁复杂的国内外环境，中国民营企业家延续了对商机的敏锐洞察，对创业的热情与执着，对创业过程的驾驭能力。这个阶段，民营企业家表现出以下新的行为特点：

一是视野更广阔。海尔、万向、好孩子、康奈等企业都在充分准备后试水国际市场，并且稳扎稳打，不断推进企业的国际化进程；而阿里巴巴、格兰仕等企业在创建之初就已受国际市场启发而发现商机；众多民营企业立足国际产业链定位，引进技术、改进管理，通过与外商合资、合作甚至跨国兼并来积极打造核心竞争力。

二是意志更顽强。民营企业兼顾国内、国际市场，顺势抑或逆势实现长足发展。柳传志带领联想公司靠自身资金积累不断发展壮大；任正非领导下的华为把所得利润悉数投入研发，终于在高科技电信领域实现技术突破，此外还以独特的领导艺术完成了国内市场重组与国际市场战略布局；一度陷入低谷的史玉柱实现了四度创业成功的辉煌业绩，茅理翔、梁庆德等顺利实现了二次创业；许家印、马云等都历经磨砺登上创业的通途。

三是对商机更敏锐的洞察。以信息技术为依托的新经济成就了美国史无前例的长达 10 多年的高增长、低通胀的发展，中国 IT 界企业家也业绩不俗，与国际知名企业各领风骚；中国制造的发展和房地产产业的繁荣带来的商机，也为比亚迪、沙钢、国美、阿里巴巴、万科、万达等企业带来发展机遇。

四是资源整合能力增强。相较于改革开放之初民营企业发展的区域性和投机性特点，90 年代的企业家行为更加显现出全局谋划、大胆尝试以及有效整合的特点。无论是方太由点火器转而生产厨具，格兰仕由羽绒制品转而生产微波炉，还是万向、海尔、联想、华为等国际化发展战略的实施，都体现了这一点。

五是更注重人才培养。万向的鲁冠球争取到的国家优惠政策就是允许其付费招聘大学生，在企业自行出资培育人才上更是不遗余力，格兰仕、华为都曾遭遇到人才流失危机，从而建立起人才培养和使用的创新型人才机制，联想则建立了领军企业家的培养机制，颇有 GE（通用电气集团）打造 CEO（首席执行官）摇篮的阵势。

2. 民营企业家精神的主要表现

20 世纪 90 年代以后，特别是在 1992 年邓小平南方谈话之后，姓"资"姓"社"的争论基本终止，中国市场化的经济改革进入了新阶段。一方面，民营企业家在 80 年代形成的各种现代企业家的精神被强化，如市场竞争意识等；另一方面，他们的主体性，包括作为企业家应有的尊严意识、独立意识、产权意识、资本意识、财富意识等均获得前所未有的自我认同与社会认同。

第一，尊严意识与独立意识。随着国家意识形态的进一步开放，政府在政策上对经商持积极鼓励的态度，使民营企业家原有的政治、舆论、社会歧视等外在的精神压力大大减少，同时社会也开始承认民营企业家在推动经济改革和经济进步中的作用。在令人激荡的90年代，民营企业家也成为社会普遍向往的职业。特别是1992年邓小平南方谈话之后，中国社会再次掀起"下海热"的经商浪潮。毫不夸张地说，企业家在中国历史上第一次受到社会前所未有的关注和尊重。因此，民营企业家的自尊意识大增，开始意识并积极肯定自我在社会繁荣和进步中的作用。因此，90年代民营企业家敢于在社会大舞台彰显自己的身份、财富和个性。同时，西方外来的异质文化迅速改变了原先固有的保守意识和观念，它对积淀在民营企业家身上的小农意识的冲击较大，使他们重新定位自己的价值观、人生观。如今他们更重视在企业管理层面实现自我，而不再迷恋"官本位"的旧传统。随着国有企业股份制的改造和全社会对企业公司制度的规范，民营企业家们的身份逐步从原有的国家干部、农民或其他职业身份中独立出来。中国职业化的企业家队伍已见雏形，终于开启属于自己的历史航程。

第二，产权意识和资本意识。在20世纪80年代，在集体主义的意识观念和体制下，大部分企业家已经开始重视对自身的物质奖励，但只是停留在一般的物质利益观念水平上，诸如奖金等有限的范围内。80年代以"万元户"为荣，而在90年代，人们的观念已不囿于有限的现金数额，更多的是关注产权和资本。在现代社会里，资本已经不仅仅表现为物质形态，诸如生产资料、现金等，更多地体现为一种权利或产权。所谓的产权，简单地说就是财产权利，包括物权（所有权）、债权、股份、知识产权等。进入到 90 年代以后，随着市场经济的深化，开始了企业产权制度的改革，这为民营企业家自身资本积累提供了制度条件。相应地，对财富的追求转化为对资本的追求，因为资本是企业家经营的前提条件。没有资本积累就谈不上什么财富的积累。对于转制的中小企业而言，企业家可以通过对原有企业的股份收购，获得对未来财富收益的权利。当然，即使到今天，诸多制度改革尚不到位，但是企业家的产权意识和资本意识无疑已经建立起来了。

（三）民营企业家精神的提升期

自 2002 年以来，民营企业经营环境有了实质性的变化。首先，社会经济体制初步转型，从计划经济体制过渡到市场经济体制；其次，社会初步转轨，从封闭社会逐步演变为开放社会；再次，市场格局变化。国有企业、民营企业和外资企业"三足鼎立"的局面初步形成，在一般性竞争领域则主要是民营企业与外资企业角逐。入世后，民营企业在政策法律方面得到了较比之前更多的国家支持，政治地位的提高为民营企业的发展提供了有利条件，民营企业获得更多的发展权利与机会。

1. 民营企业家价值取向与行为特点

21 世纪初的中国民营企业家经营管理开始走向成熟，逐步建立现代企业管理制度，民营企业家价值取向与行为日益趋近市场本质要求。

首先，实现能力的飞跃。经历了 30 年的积淀，走向国际市场，尝试大型国际性并购，体现了企业家们经营能力的飞跃。中国民营企业家能力的飞跃还体现在竞争力上，如华为的通信设备、大疆的无人机、比亚迪的电动巴士、腾讯的微信业务等都实现了世界范围内的行业领先。

其次，主动承担社会责任。企业家的成熟还体现在对社会责任的承担上，主要有三个方面：一是通过其商业行为提升了当地的就业、税收收入以及人们的生活水平，如宗庆后、刘永行等在贫困地区投资设厂。二是在经营过程中积极促进生态环境、社会环境和人们生活环境的改善，如东临集团以企业的财力、智力变废为宝解决生态环境问题；海底捞等企业倡导员工孝敬父母、打造和谐家庭等；而樊建川以一己之力开办博物馆更显其独特的社会责任担承；温州商会依靠会员企业家财力、精力的无私奉献不但实现了地区诚信水平的升级，还在成功进行反倾销诉讼中实现了零的突破。三是投身慈善事业，如海尔、华为等企业或者企业家个人的慈善行为，其中马云通过捐赠阿里巴巴股权设立用于环境、医疗、教育和文化领域的慈善信托基金。

再次，积极蓄积能力。企业家对企业发展潜力的打造主要表现为三个方面：一是创新能力的打造、人才的会聚和培养，如联想、吉利等跨国并购团队打造，长城汽车的精益管理团队的磨砺，小米国内外精英团队聚合。二是人才潜力的挖掘，如 BAT（百度、阿里巴巴、腾讯）扶植离职员工创业，海尔打造开放式创新平台，华为在多国设立研发基地以挖掘世界范围的人才，这些做法已经与世界级企业接轨。三是靠自身资金积累谋求发展，如联想依靠自有资金实现发展壮大，刘永行依靠企业资金积累投资电解铝业。万向在并购美国公司后改善了国内企业的工艺水准，华为迅速发展起手机业务，腾讯快速实现微信业务的成功，联想接连并购了 IBM 的 PC 业务和摩托罗拉的手机业务，这些都是能力蓄积后企业实现能力飞跃的体现。

最后，创新创业领域不断拓展、深化。为实现个人精神诉求而开创成功事业的事例不断涌现，体现了企业家群体成熟的另一面。吴建华实现了传统宋锦技艺的现代化生产，马可对古老服装技艺的挖掘、保护和升华，樊建川个人博物馆的经营和海宇投身非洲发展事业等，都给世人带来耳目一新的感觉，也展示了中国民营企业家群体更加成熟、稳健的精神风貌。

2. 民营企业家精神的主要表现

2002 年至今，我国民营企业家的主流表现为积极、向上、自信、果敢的健康状态。企业家在历史的洪流中不知不觉地塑造了自我，理性精神、全球化意识、创新精神和人文精神正在成为民营企业家精神的新内涵。具体地说：

首先，当代中国民营企业家所面临的环境与 20 年前相比已经发生了巨大变化。经过 40 多年的改革，伴随着客观环境的巨大变化，当代中国的民营企业家正在从非理性的思维习惯转向理性经营决策。改革初期，民营企业家更多的是依靠种种非理性的投机冒险来赚取利润。但是在 1997 年之后，我国的市场经济由传统的短缺经济向供求均衡的市场经济转向，加之亚洲金融危机的影响，企业生产供给过剩决定了国内外市场不可能再给企业家更多盈利空间。因此，在竞争激烈的市场上，依靠以往决策的随意性注定是要失败的。特别是在 2000 年加入世界贸易组织等一系列的重大变化，在客观上促使企业家市场经济的理性成长。今天如果企业家不能够合理安排企业内部组合制结构，不能科学预测市场前景，不能精密计算投资的后果，是注定要失败的。另外，我国的市场经济体制正在从无序的非理性市场朝着完善有序的社会主义市场经济方向迈进。当代中国企业的结构已经复杂化，特别是股份制企业，这使企业家的决策受制于董事会。同时，由于企业的科技含量越来越高，企业家的决策必须依赖技术专家的支持。改革至今，随着法制建设逐步完善，各种社会机制开始健全，大环境发生了重大变化。对于企业而言，企业法、公司法、会计法等一系列法律出台，促使企业家的行为规范必须接受社会规则的约束。这就决定了企业家必须遵守理性化的市场规则，否则将受到外部性的制裁。以往企业家为了发展企业，可以对环境污染、食品安全不予重视，但在今天都会受到社会的严格制约。此外，市场经济的特点必然导致各利益主体的博弈均衡。随着个人利益主体的确立和市场观念的提高，与"大锅饭"时代相比，人们的利益意识不但明确化，而且市场化、产权化和法制化。投资人、职业经理、劳动者、消费者和其他相关利益者，在谋取自身利益的时候都要经过精细计算和讨价还价，最终形成在市场中各个利益主体博弈的均衡。因此，以往企业家贷款不还、欺诈消费者的行为等日益受到受害当事人的抵制和法律的制裁。在各方利益主体博弈均衡的条件下，企业家不得不用理性决定企业的各项事务。如何从传统农业文明的人文意识的思维框架下，走向现代经济理性意识，是值得我们关注的问题。

其次，当代中国民营企业家全球化意识不断增强。进入 21 世纪之后，随着"入世"和经济改革的深化，企业面临的市场化程度、国际化程度越来越高，竞争程度也越来越激烈。在外部形势的压力下，促使绝大多数企业家全球意识的成长。全球化意识迅速改变了当代中国民营企业家的观念。在全球化时代，意味着企业家必须面对全新的国际规则，必须面对全球性的竞争，必须面对各种异质性的外来文化冲击等。加入 WTO 之后，为了在国际上获得竞争优势，民营企业家在职业、市场、管理、资本、产权等观念与全新的外来国际规则接轨，中国的民营企业家必须面对全球化环境的挑战。

再次，民营企业家的创新意识日益增强，特别是在技术创新方面。必须承认，我们这些年的 GDP（国内生产总值）的增长，主要依赖投资的高速增长。2002 年，投资的增长率是 GDP 增长率的 2 倍还多，绝大多数投资都投到基础设施和新建扩建生产能力上去了，结果，总的数量扩大了而质量没有提高。这些年，外资的流入规模越来越大。外资在中国从汽车、电子产品到服装、拖鞋，几乎分布在各行各业。现在贸易已经占到我国 GDP 的 50%，而其中的大部分贡献实际上来自外资企业。为什么中国的企业总体上还没有"起飞"？长期以来，我国企业还没有建立核心竞争力的概念，少数拥有竞争力的大公司和企业集团，其核心竞争力水平也不高。据报道，如果和世界 500 强企业比较，世界 500 强企业的人均营业收入、人均利润是我国民营企业 500 强的 5.5 倍左右。在中国，即使像海尔、联想这样的企业也是少之又少。另外，我国民营企业平均寿命普遍较低，少数有了自己核心竞争力的企业往往会陷入生命周期短的怪圈，短时期大红大紫，出尽了风头，然而多半不能保持自己的核心竞争力。只有那些具备创新意识的企业家，才可能在市场化、全球化的困境中冲出重围。

最后，民营企业家的人文意识初露端倪。在最近的 20 多年，民营企业家沉浸于资本、财富等外部物质之中，而无暇顾及内心的精神生活。但是，随着物质丰裕程度的提高，今天他们当中一部分人开始关注精神生活。2006 年在企业家中流行的"国学热"则充分表明了这一点，这是当代中国企业家开始关注人文精神的征兆。对于中国民营企业家而言，国学作为传统文化不仅是一般的人文精神的养料，还是符合企业家自我发展的一般性规律，表明企业家开始有了更高的精神追求。正如黑格尔在《哲学史讲演录》中所说："时代的艰苦使人对于日常生活中平凡的琐屑兴趣予以太大的重视，现实上很高的得益和为了这些利益所作的斗争，曾经大大地占据了精神上一切的能力和力量以及外在的手段，因而使人们没有自由的心情去理会那较高的内心生活和较纯洁的精神活动，以致许多较优秀的人都为这种环境所束缚，并且部分地牺牲在里面。精神太忙碌于现实，所以它不能转向内心，回复到自身。"①

　　总之，当代民营企业发展是在我国改革开放政策环境不断优化的大趋势、大环境之下取得的，当代民营企业家精神形成于党和国家鼓励发家致富、奔向小康社会、实现"中国梦"的伟大历史进程，是广大民营企业家贯彻、落实、践行党和国家一系列大政方针的伟大实践行动，是改革开放新时期社会主义物质文明建设和精神文明建设的重要成就。

---

　　① ［德］黑格尔：《哲学史讲演录》第一卷，贺麟、王太庆译，商务印书馆1959年版，第3页。

第四章

当代中国民营企业家精神的
发展现状考察

———————————— ✦ ————————————

党的十八大以来，中国特色社会主义进入新时代，中国民营企业家成长也开始了一个崭新的历史阶段。众所周知，企业家精神作用的充分发挥一定要有一个良好的环境，从这个意义上讲，当前就是改革开放以来最好的时代。党的十九大之后，习近平总书记基于对世界大势的敏锐洞察和深刻分析，着眼国际秩序的深刻重塑，多次指出世界面临"百年未有之大变局"。面对当今世界百年未有之大变局，中国民营企业已进入全面转型升级创新发展阶段，必须坚持市场化改革方向，坚持进一步扩大开放，大力推进民营企业转型升级的高质量发展，最为关键的是要保证民营企业家群体的高质量发展。

一、当代民营企业家精神的主要特质

企业家精神是企业健康良性发展的内在驱动力，是国家实施创新驱动发展战略的动力源泉。新常态下，当代中国民营企业家精神特质主要包括创新精神、冒险精神、担当精神、合作精神等。

（一）创新精神

创新是企业家精神的核心。企业家精神集中体现在创新方面，一般来说，创新分为技术创新、制度创新和思想理论创新。企业家的创新主要不在技术方面，而是在制度和思想理论方面，技术创新不过是实现制度创新和思想理论创新的一种手段而已。不仅如此，创新既是对旧事物和旧秩序的破坏，也是对新事物和新秩序的创造。熊彼特关于企业家是从事"创造性破坏"的创新者观点，凸显了企业家精神的实质和特征。创新是企业家精神的特殊手段，是企业家活动的典型特征。这里的创新是指企业为目标市场提供新的产品，或是寻找新的目标市场并为之提供商品，或是在市场中树立企业新的形象，等等。创新精神的实质是做不同的事，而不是将已经做过的事做得更好一些。一个企业最大的隐患就是创新精神的消亡。但创新不是天才的闪烁，而是企业家艰苦工作的结果。

《中国战略性新兴产业发展报告（2014）》显示，近几年来，中国战略性新兴产业总规模有了较大比例的提升，民营企业已经成为发展战略性新兴产业的重要力量，在七个重要领域中，民营企业数量占比超过70%。近十年来民营企业在自主创新方面取得了骄人的成就，我国自主创新的70%、国内发明专利的65%和新产品的80%都来自民营企业。在"十二五"期间，民营企业专利申请数量已经超过国有经济。民营企业重视创新，研发投入逐年上升，且增长速度超过了国有经济和外资经济，占全国研发投入的比重不断提高。根据中国企业家调查系统《2013·中国企业家队伍成长二十年调查综合报告》（见表4.1），我们可以看到，在创新的基本指标方面，民营企业优于国有及国有控股公司，与外资企业的创新水平相接近。

表4.1　企业创新基本指标情况（%）

	总体	经济类型		
		国有及国有控股	外商及港澳台	民营企业
建立了自己的研发机构	58.0	49.2	60.2	59.4
近三年内获得过国内专利	55.2	51.2	59.3	54.6
拥有高新技术企业认定证书	37.3	35.3	36.4	35.7
位于高新技术园区内	26.8	23.4	24.8	25.9
近三年内获得过国际专利	7.1	5.8	15.5	6.1
建立了海外研发机构	3.0	3.0	13.1	2.1

资料来源：中国企业家调查系统《2013·中国企业家队伍成长二十年调查综合报告》

（二）冒险精神

冒险是企业家精神的天性。企业创新的风险是企业家的必然选择，是企业家必须面对和承担的。经济学家弗兰克·H.奈特认为，企业家精神是在不可靠的情况中，以最能动的、最富有创造性的活动去开辟道路的创造精神和勇于承担风险的精神[1]。在民营企业的发展过程中，面对诸多的不确定性，例如所处市场环境的复杂性、开发新产品新技术带来的未知性、投资组合的风险性以及消费者需求的可变性，等等，企业家的冒险精神推动企业家做决策。拥有冒险精神，民营企业家才更乐于主动捕捉市场机会、拓展外部发展空间，对未来经济走势的判断更具前瞻性，更可能突破现有的框架，推动企业创新并在变革中保持相应的发展。

---

[1] Knight Frank: Risk, uncertainty and profit[M].New York: A.M.Kelley,1964.

经营企业，要么成功，要么失败，没有第三种可能。3M公司鼓励冒险的口号是"为了发现王子，你必须和无数个青蛙接吻"，这也是对企业家冒险与机会发现精神追求的典型写照。1939年美国硅谷成立惠普公司，1946年日本东京成立索尼公司，1976年中国台湾成立Acer（宏基）公司，1984年中国北京、中国青岛成立联想、海尔等众多企业，虽然这些企业创始人的生长环境、成长背景和创业机缘各不相同，但无一例外，他们都是在条件极不成熟和外部环境极不明晰的情况下，敢为人先，第一个跳出来吃螃蟹的。正是这些企业家的市场机会发现与冒险行为，支撑一定时期国家的经济繁荣，为社会创造了更多的就业岗位。

（三）担当精神

担当是企业家精神的基石。优秀的企业家必须具有强烈的社会责任感、国家和民族使命感，以及强烈的事业激情和热情。成功经营企业的过程，需要企业家领导企业成为社会发展的中坚、主流、进步力量，在企业自身实现发展的同时，为社会进步做出积极贡献。放眼国内外，具有企业家精神的经营者，不仅企业经营成功，而且个个怀揣远大抱负，无不存有服务国家、服务社会、承担社会责任的担当精神。企业的社会责任可以分两个层次，第一层次是企业内部必须履行的义务，诸如企业创造利润、对股东利益负责、对员工负责，也包括遵守商业道德、生产安全、职业健康、保护劳动者合法权益等；第二层次是企业对社会自愿承担的社会责任，诸如对消费者和所在地区与环境的责任，如保护环境、支持慈善事业、捐助社会公益、保护弱势群体等。

社会期望民营企业更多地承担起第二层次的社会责任。民营企业家的优秀代表鲁冠球曾经说过，企业家精神应该从实事求是的原则出发，创新必须建立在感恩和责任的基础上，还要讲求科学的方向。目前，民营企业社会责任的承担者与其说是企业，不如说是企业家。民营企业家最关心的是企业的利润，那么在关注社会责任时会承担起与企业利润息息相关的责任，例如捐款和慈善事业。据北京师范大学中国公益研究院王振耀教授研究显示，2004年，我国全国捐款不到100亿元，2013年中华慈善大会的捐款超出1300亿，企业捐赠几乎每年占全国捐赠的60%，而民营企业在企业捐赠中又占60%。可见中国的民营企业家们的社会责任感在一步步地加强。

（四）合作精神

合作是企业家精神的精髓。企业家创办经营企业，身处复杂、不确定的市场环境，能够得到内部员工的支持是基础，能够赢得外部利益相关者的信赖是关键，要实现这一切，关键是企业家要具有合作意识。正如艾伯特·赫希曼所言：企业家在重大决策中实行集体行为而非个人行为。尽管伟大的企业家表面上常常是一个人的表演，但真正的企业家其实是擅长合作的，而且这种合作精神需要扩展到企业的每个员工。企业家既不可能也没有必要成为一个超人，但企业家应努力成为蜘蛛人，要有非常强的"结网"的能力和意识。成功经营企业的过程，需要团队合作，凝聚各方力量，善待员工，形成企业健康良性发展内在驱动力。

企业家的合作意识在企业的发展中有两个层面的表现，第一层面是企业家在企业内部形成的团队凝聚力，擅长合作的企业家具有良好的团队精神，并把这种精神扩散到企业的员工中，在做重大决策时，企业家的决策便是企业的集体行为而非个人行为。我国民营企业中85.4%的企业是家族式管理模式，家族企业具有合作和决策的优势。第二层面是具有合作精神的企业家在企业的发展上有合作战略的行为。浙商的成功就在于组成能量巨大的商团，实现"小商品大市场"的运作，浙商具有的诚信合作的团队精神，使得他们既能够单打独斗，又善于相互合作，使得"浙江人经济"得以形成和壮大。

另外，当代民营企业家精神的特质还包括竞争精神、合作精神等。竞争精神与合作精神看似矛盾，却同时存在于优秀的民营企业家精神中。在与竞争对手的比较中发现自身的不足，激发企业创新的主动性和创造性，提高整个企业的学习效率和工作效率，促使企业的发展潜力得到充分发挥。我国民营企业已经成为中国企业"走出去"的重要力量，有其独特的竞争优势和重要意义。近年来民营企业占我国企业境外投资流量的比重不断上升，2011年已经达到约44%。例如，浙江吉利集团成功收购瑞典沃尔沃汽车，实现沃尔沃汽车销量和利润大幅增长，得到瑞典社会各界的普遍好评，成为中国汽车企业境外投资具有代表性的成功案例。货币只是成功的标志之一，对事业的忠诚和责任，才是企业家的"顶峰体验"和不竭动力。市场瞬息万变，企业经营活动具有较强的不确定性和风险，企业家所开展的工作是不断地克服重重困难，解决处理各种常人难以解决与应对的难题，身处不确定与高风险环境不断做出最高决策。这种特殊的职业任务非一般人所能为，能够胜任的企业家都是具有显著的执着与敬业精神。英特尔总裁葛洛夫有句名言：只有偏执狂才能生存。当代中国民营企业家普遍具有敬业精神，但是民营企业员工的敬业精神还有待进一步提升。

二、民营企业家精神缺失的表现与成因

（一）民营企业家精神缺失的主要表现

回顾改革开放历史进程，就能观察到我国当代民营企业发展取得的成就与贡献，其中民营企业家精神的驱动作用客观存在。同时，分析当代民营企业家精神现状、问题及原因，也得出了令

人十分担忧的研究结论，特别是应对全球新一轮经济竞争严峻挑战，中国当代民营企业家创新精神不足、创新动力不足、对市场长期机会缺乏信心，民营企业家缺乏投资实业的热情，缺乏提升产品品质的工匠精神。民营企业家经营活动非生产性消极作用与生产性积极作用并存，已成为我国民营经济发展的重大隐忧。

1. 部分民营企业家理想信念动摇

民营企业家的理想信念缺失必然导致思想萎靡、方向迷茫、意志脆弱，进而导致经营行为过失，对投资环境判断失误，对市场前景信心不足。

与营商环境的恶化相比，中国企业家更担心的是法治水平和产权保护的滞后。投资移民只是部分民营企业家理想信念动摇的表象之一，反映了他们对中国未来发展环境不确定性以及国家政策稳定性的担忧。但我们可以看到，民营企业家理想信念动摇对国家、社会、经济发展的危害性。海外投资移民潮造成了我国资产和人才的双重流失，也不利于我国对不良资产的监管，影响我国实体经济的发展。而靠着政策红利先富起来的企业家们，把在中国积累的大量财富转移到其他国家，为这些国家的经济发展做贡献，却未能达成改革开放初始构想——先富带动后富。

2. 部分民营企业家遵纪守法意识不强

社会转型与体制转轨中的经济活动存在比较大的"中间地带""灰色地带"。一些民营企业家为追求自身利益最大化而活跃在这样的"中间地带""灰色地带"。但这种活跃往往与政府官员相"勾兑"，利用他们手中的权力，而非企业本身的竞争力排挤对手、垄断项目。于是，行贿成为部分民营企业家竞争的常用手段。企业贿赂官员，其结果是将生产性受益在不创造任何价值的流通与交换中发生转变，实质上既会导致企业外部成本的增加，也会导致整个社会效益的损失，包括社会资源的巨大浪费、政府信用资本的减扣，还会延缓市场化的进程。

根据《凤凰财经》的特约研究员王荣利的《中国企业家犯罪基本情况统计与分析》，在130例民营企业家犯罪的案例中，其中构成或者涉嫌构成行贿罪、单位行贿罪、对单位行贿罪、对企业人员行贿罪等罪名的，共计30例，占全部案例总数的23.08%的比例。各类行贿罪在民营企业家所犯罪名中排名仅次于各类诈骗罪，排名第二。由此说明，行贿行为是民营企业家犯罪的最主要表现之一。不难发现，几乎每一位因腐败、受贿落马的高官背后，都有企业家的身影。无论是企业家，还是他们行贿腐蚀拉拢的国家工作人员，所获得的暴利都是建立在损害国家、人民利益基础上产生的。民营企业家的恶性竞争还表现在海外市场上，近年来，越来越多的民营企业开始参与国际竞争，随着走出国门的企业的增加，竞争也蔓延到海外。一些企业为了拿到订单，采取低价策略，不断降价，造成恶性竞争。一些企业在拿到项目以后，为了降低成本，偷工减料，降低工程质量，导致合同最终无法履行，给企业自身造成很大的损失，同时也损害了中国企业在海外市场的整体形象。

3. 部分民营企业家社会责任感不强

民营企业最基本的社会责任还是经营管理好自己的企业，在遵守法律、伦理经营的前提下尽可能多地为社会创造财富。一个蒸蒸日上、永续经营的企业不仅可以使社会财富实现增值，还可以使众多的员工获得就业机会，可以使供应商和分销商持续发展，可以为顾客提供合格安全的产品和服务，可以为政府提供税收，可以改善社区生活质量。从现阶段来看，这就是我国民营企业最大的慈善事业。但一些民营企业，特别是一些规模较小的民营企业，普遍存在着劳动合同不规范、工作环境恶劣、超负荷工作、生产假冒伪劣产品、污染环境和资源浪费等问题。

重大安全责任事故屡见不鲜，这些事件都与经济利益相关，一些企业家为个人私利而将法律法规、社会责任、社会公德等抛诸脑后，而此类问题绝非查处个别责任人或出台某项制度就可解决的，显然需要道德、法律和制度层面的整合措施。

现阶段民营企业的社会责任意识仍处于萌芽阶段，他们对企业法律责任的认同要高于对企业伦理责任和慈善责任的认同。同时，民营企业的社会责任行为并不出于单纯的利他动机，而是具有一定的战略意识，这种意识使企业发展与社会发展在深层次上具有内在的一致性，有利于从企业外部推进企业的社会责任实践和企业的可持续发展。缺乏社会责任感的民营企业家应该向富有社会责任感的优秀企业家学习，以增强自己的社会责任感，肩负起自己的各种社会责任。例如，为了倡导全社会都来关注、生产、使用节水节能型洗衣机，张瑞敏除了宣布停产非节水洗衣机之外，还表示愿意把最新研制出来的滚筒洗衣机"自动挡节水技术"无偿捐献出来，转让给愿意与海尔共同推动全社会节水事业的洗衣机同行。可以想象，海尔此举将有助于唤起整个家电业的社会责任感，从而承担起企业应有的社会责任，非常值得中国民营企业认真学习。比如，现今实现华丽转身的楚源集团，一跃成为行业节能减排、保护环境、科学发展的佼佼者，主要归功于他的领导人杨志成。一个企业领导人的修为，决定了这个企业的作为。如果没有杨志成对加强节能减排、保护生态环境重要性的认识，没有他牢固树立发展绿色经济、处理好环境保护与经济发展关系的理念，没有他敢于探索一条代价小、效益好、排放低、可持续发展新路子的勇气，楚源集团的节能减排、保护环境工作是不会取得如此成就的。

4. 部分民营企业家诚信度不高

诚信是民营企业间发展战略联盟的需要。面对技术的快速变化和新产品的开发周期缩短，民营企业只有结成战略联盟，才能降低成本，规避风险，从而获得新的市场、获得新技术和发展规模经济，应对激烈的全球竞争。民营企业之间只有诚实守信、真诚合作，才能使企业联盟稳固发展，抗击外来风险。诚信是民营企业发展中常提到的话题，对于民营企业来讲，有两个最该讲诚信的对象，一是客户，二是员工。对客户的诚信在于产品和服务，对员工的诚信在于薪酬待遇和成长及发展空间。

但发展至今，仍有一些民营企业做不到诚信，因失信而破产。据不完全统计，民营企业每年订立的合同有 50 亿份左右，平均合同履约率仅 50% 左右。每年由于合同欺诈造成的直接或间接经济损失约 70 亿元。不少民营企业之间资金拖欠严重，长期积累形成了企业债务链条。在金融领域，不少民营企业采取多头开户、无效担保骗取银行贷款，有的甚至采取假破产来实现真逃债，使得银行信贷资产的流动性、营利性、安全性受到严重威胁。这些不诚信行为使得企业之间互相不信任，经济交往如履薄冰，现代便捷交易行为倒退到"一手交钱、一手交货"的原始交易状态，企业间交易效率下降、成本上升，扰乱了正常的市场经济秩序，制约了市场经济的发展。

（二）民营企业家精神缺失的主客观原因

1.客观成长环境对民营企业家的影响

（1）制度环境

在影响民营企业家成长的诸多因素中，制度环境的影响是根本问题。企业家是基于其所处的制度环境状况做出具体的经营决策。制度安排决定了个人决策的可接受范围，影响着其具体决策的社会认可程度，且企业家所付出的努力方向与其所处的经济、政治法律等制度安排的质量密切相关。好的制度安排会使企业家投入更多的精力在生产性的市场活动之中，进而推动经济的高速增长，而差的制度安排，会迫使企业家投入更多的精力在非生产性的政治和法律活动之中（如游说和法律诉讼等）。好的制度环境具有明显的制度可信性，制度的可预测性很强，同时环境可靠性能明显降低营商环境的不确定性和规则公平性，这使得在交易和法律实施过程中公平地对待所有利益主体，明显减少腐败行为，这样的制度环境显然会极大地推动公平交易的开展以及降低交易成本和不确定性，有效提高和改进企业的生产效率、竞争能力及创新意识，有利于企业家精神的发挥。

在中国社会体制下，一些民营企业处于弱势地位，这种弱势主要表现在民营企业跟政府权力博弈的过程中，他们试图依附于体制中的权力享有者，从中获得"保护"，而且在相当大的程度上依赖于和他们的关系，为了在体制内寻找自己的位置和一定的话语权及政治资源。另外，从制度建设角度来看，国营企业的财会制度管理比民营企业要严格一些，这就导致一些腐败官员将权力寻租的黑手伸向了民营企业，民营企业的资金运作比较灵活，为权钱交易留下了漏洞。

（2）文化环境

历史已经证明，传统文化是一个民族的共同财富，是民族之根和民族之魂。社会制度可以变迁，社会生活可以发生剧烈变化，但文化有其相对的稳定性和强大的生命力，总是发挥潜在的作用。中国是一个历史悠久文化底蕴丰厚的国家，千百年来积淀了特有的民族文化，这些文化深深地影响着中华儿女的行为方式和价值取向，从思维的深层次左右着人们的思想观念。优秀的传统文化对社会的进步发展有着积极的指导作用，一些消极负面因素则阻碍现代社会的发展。这样的一个整体的文化氛围影响着中国民营企业家的价值取向和行为方式。

首先，中国传统的"中庸"之道排斥竞争，压抑创造性，抑制竞争性观念，对商人抱有强烈的偏见，认为商人"轻义"。在中国历史上，儒家思想中的"学而优则仕"深深影响着一代又一代的中国人，中国的"官本位"思想根深蒂固，"万般皆下品，唯有读书高"成了人们的思维定式。儒家伦理中提倡的"中庸"之道排斥竞争，压抑创造性，抑制竞争性观念，企业家精神与之相悖。儒家学派对商人抱有强烈的偏见，认为商人"轻义"，以致商人总是被排在"四民"（士农工商）之末。人们也常常说"为富不仁""无商不奸"，与"原罪"论如出一辙。诸如此类的思想形成的文化环境，缺乏尊重企业家的氛围，民营企业家处于边缘地带，缺乏话语权，缺乏独立的人格。

其次，家族文化在某种程度上抑制了企业家的创新精神。在钱穆看来，"家族是中国文化一个最主要的柱石，我们几乎可以说，中国文化，全部都从家族观念上筑起，先有家族观念乃有人道观念，先有人道观念乃有其他一切"。在中国的传统农耕社会里，以血缘为纽带形成了以家庭为最基本生产单位的自给自足的封闭式生产体系，从而形成了家族文化，家族制的文化传统影响了民营企业家的家族意识和企业传承行为。企业家在经营企业时倾向于选用家族成员来担任企业的管理职位，而不是采用先进的管理方法，比如职业经理人制度等来管理企业。虽然家族企业具有某些优越性，但是在管理过程中对家族成员的过分强调，会从一定程度上抑制非家族成员的工作积极性，阻碍科学管理的推行和发展。

再次，社会舆论对民营企业的态度不客观。新闻媒体、影视作品等在积极宣传民营企业家的地位和作用方面做得不够，却夸大了某些负面的信息，往往将民营企业家与"贪""黑"联系在一起，助长了社会上某些人的"仇富"心理，使得民营企业家对社会公平失去了信心。厉以宁认为，在经济体制改革过程中，一大批非公有制企业逐渐完成了创业资金的积累。回过头来看，在历史的初期不可避免地会有一些违规经营现象，但是随着改革的深入和社会的发展，民营企业在有意识地逐步规范和完善。对这个发展过程要有一个公正、客观的认识。然而，从现实的情况看，我们并没有为民营企业创造一个健康的思想和舆论环境，营造良好的市场秩序。塑造民营企业家精神，必须给予企业家一个公正、客观的社会态度，引导社会正确看待私有财产，正确看待富人，正确认识有产者，只要是合法经营所得的私有财产都应该得到保护。

最后，在我国社会中仍有一些陈旧思想在作怪，比如，"枪打出头鸟""出头的橡子先烂"等，这种畏首畏尾的思想严重影响企业创新创业行为，对于培育企业家精神十分不利。企业家需要不断地进行创新创业活动，寻找新的商业机会，从竞争中谋求企业发展，但这些新的尝试和探索冒犯了既定秩序，企业家常因此而受到打压。实际上，民营企业家承担了一般人难以承受的压力和风险，企业家的创新给社会带来了巨大的效益，满足了社会需求，为社会创造了价值，市场和社会给予企业家丰厚的回报，这才是一个合理与公平的安排。企业家需要创新创业的空间和社会对其失败的容忍度，否则，企业家精神尚未完全培育塑造成型便开始衰落。

（3）市场环境

奥地利学派创始人米塞斯认为企业家是市场过程的驱动力量，企业家既创造了市场状况的变化，也对其做出了反应。市场经济是企业家精神生成的土壤，公平有序的市场环境有利于企业家精神的充分发挥，负面的市场经济极可能严重地腐蚀企业家，扭曲着企业家精神。政企分开、依法治企是市场经济公平有序的两个重要保障。国家政策法制不健全，市场经济"游戏规则"不完善，衍生出权力寻租、税收过高的现象，恶化了部分地区和部分行业的市场经济环境，使得一些企业家对市场环境信心不足。许多地方政府为了吸引外资，给予外企以"超国民待遇"，破坏了平等竞争的市场环境，损害了正常的市场秩序，对于民营企业来说十分不公平。

资本和金融市场能体现企业家行为的作用效果，也是企业家行为所依赖的有效市场工具。金融发展通过缓解信贷约束、支持创新并为创新提供风险分担机制、强化市场公平竞争环境以刺激企业家精神，并进而增加就业、提高生产率从而实现经济增长。虽然中央银行已经出台相关政策鼓励商业银行增加对民营企业的贷款，但商业银行为民营企业融资支持力度有限，基建和技改项目贷款不愿意向民营企业开放。民营企业最多只能获得一年之内的流动资金贷款，很难获得长期的资金贷款。资本市场为民营企业提供的融资渠道有限且门槛过高，民营企业利用资本市场筹资受所有制和市场规模、制度环境等诸多因素限制。民营企业融资的主要方式是非正式金融，如自身融资、民间借贷、相互担保等方式，风险非常大。民营企业融资难阻碍民营企业家创新创业行为，更进一步抑制企业家精神的发挥。

（4）政策环境

政策因素是民营企业整个外部环境的政治环境中的重要组成部分，对民营企业的发展影响重大。甚至一些学者把民营企业直接看成是"政策性经济"的产物。这体现在政府针对民营企业的政策的制定和实施对民营企业发展起着至关重要的作用，政策符不符合当地民营企业的实际状况，能否促进民营企业发展，和其他的政策是否相互冲突，政策落实是否顺利。政策环境影响民营企业的发展，更影响了民营企业家的行为。

政策的歧视性和不连续性都会破坏民营企业家对未来发展的

信心。中国企业对外投资和海外融资的种种政策障碍和审批限制，使得越来越多的企业家选择移民，企业家国籍变更后能享受到此前难以奢求的"超国民待遇"，可以获得税收、用地、用工等诸多政策便利，融资渠道也更加多样化。融资领域的"歧视性对待"政策是造成中小企业融资难的重要原因，这种融资领域的"歧视性对待"看似规避了风险，实际上不仅给中小企业的融资带来了困难，也给经济正常运行带来了更大的风险和隐患。

（5）精神秩序

改革开放40多年，经济高速增长的同时，也是社会政治秩序、经济秩序、精神秩序重建的进程。伴随这一进程，民营企业家的社会地位、社会贡献、社会影响力都大大地提高，社会突破了"士农工学商"轻商文化传统，能够跻身成功创富企业家行列成为社会的广泛追求，"让一部分人先富起来"的政策激励，激发出广大民众极大的创新创业热情，民营企业家、民营企业主快速成长，成为掌控有大量财富、占有社会资源、拥有话语权的新阶层，依靠创新创业取得财富成为社会主流价值追求。面对如此快速而迅猛的创富潮流所形成的民营企业家新社会阶层，包括民营企业家在内的全社会都缺乏思想准备，原有社会精神秩序被打乱，新的社会精神秩序尚未建立起来。社会经历了从"割资本主义尾巴"，到贫穷不是社会主义，再到大量民营企业家成为各级人大代表、政协委员，民营企业家拥有越来越多的财富，但是其在社会政治秩序、经济秩序、精神秩序中的地位并不明确，民营企业家普遍缺乏安全感。

先期致富的创新创业实践，召唤更多的人进行创富行动，但这一时期，社会主义市场经济体制不健全，自主投资、自担风险的市场交易精髓也未被国人所熟悉、所适应、所习惯。当人们把财产托付于股市，股市一旦出现波动，人们的精神也随之波动；

当有人把精神信仰托付于寺庙，发现某位方丈贪腐；特别是当一些社会精英、政府公务人员不断爆出丑闻，社会精神凝聚力面临空前挑战。民营企业家的财富、荣誉、权利面临合法性、可持续性的考问，民营企业家精神焦虑愈加严重。中国改革开放早期创业成功的企业家，多得益于双轨制市场机会。在这一时期，既没有形成民众公平共享的经济资源环境，也没有形成民众可以正常经营的政策环境，成功者中不乏官员腐败的共犯或违法经营者，许多民营企业家内心具有原罪的恐惧与精神焦虑。民营企业家不仅自身精神焦虑，所处的社会环境整体陷入精神焦虑。对于普通民众，面对国家经济总量已经跃居世界第二位，在教育、医疗、养老和住房等民生方面有更多的诉求；徘徊在城乡之间的近3亿农民工阶层，进城还是回乡；中国大学生升学面临重压、就业机会有限、发展成长门槛越来越高，不仅他们焦虑，他们的父母也深陷精神焦虑。社会各阶层面临精神秩序困惑，滋生出仇富心理，进一步加剧了民营企业家作为社会新阶层的精神困惑、迷茫与焦虑。

2.民营企业家自身主观因素

（1）身份焦虑

中国的改革开放过程即当代民营企业发展的过程。中国民营经济起步于个体经济，成长于民营经济，伴随着社会经济的发展逐步被认识、被承认、被肯定。但从民营企业的艰难曲折发展过程来看，民营企业家仍然是弱势群体。美国《财富》杂志发布了2015年世界500强企业名单，世界500强出炉，中国上榜企业数量稳居世界第二。94家上榜的中国大陆地区企业中，绝大部分是国有性质的企业，民营企业仅6家，占比为6.3%，也就是说中国能在世界上跟其他国家企业比拼的仍然是国有企业。我国在重大问题、重大领域仍以国有为主体，国有大企业主导国计民生，是我国经济的主体力量。民营企业的弱势地位，使得民营企业家内心不自信，缺乏安全感。因为他们游离在边缘行业，抗风险能力相对差，在资源配置上普遍受歧视。因此，在市场竞争中，尤其是在与国企的竞争中，民营企业家有着对经济身份的焦虑。为了获取竞争中的优势地位，一些民营企业家选择依附官场，与官员保持这样那样的联系，谋求权力寻租。一些民营企业家选择移民，通过移民来转换身份。民营企业家的财富积累及其相关产权关系普遍具有复杂性、模糊性，甚至具有违规的特性。一方面，一些民营企业家很难解释清楚其累积财富的最初来源。另一方面，如果不违规、不违法，他们在现有的体制内就很难赚取丰厚利润。这种现象常常被称为"原罪"。这种"原罪"令部分民营企业家内心不安，他们害怕清算，害怕失去财产所有权。对未来的不安与不确定阻碍企业家做长远规划，影响企业家做创新创业思考，削弱了企业家的冒险精神，甚至使得企业家选择逃离。

　　（2）信仰缺失

　　信仰决定企业家是否承担社会责任，是否能处理好舍与取的关系。企业家缺失信仰，会贪得无厌，为追求高额利润而失于管理和控制企业，逃避应承担的社会责任。一些不协调的社会现象引发人们深层次的思考：屡禁不绝的食品安全问题，污染环境的恶性事件，蔚为壮观的各种"炒作"经济、泡沫经济等，这些现象直接反映的是一些企业家在"不顾一切向钱看"的价值观主导下的经营行为异化，而深层次则反映出这些企业家缺乏积极向上、一以贯之的信仰。信仰指对某种主张、主义、宗教或对某人、某物信奉和尊敬，并把它奉为自己的行为准则；信仰带有情感体验色彩，特别体现在宗教信仰上，极致者甚至会丧失理智。缺失信仰导致做事无底线，利用多重标准判断是非对错。中国的民营企业家不缺乏勤奋、冒险，这些精神给予了企业家创新创业的机遇，使企业家在市场的竞争中取得胜利。企业家自我完善与修炼是企业可持续发展的源泉，信仰才能给予企业家长久的支持。一般意义上讲，企业家的信仰是企业经营理念得到员工的充分认可，从而将其作为自己的精神寄托和行动指南，在精神与行动上表现出高度自觉与统一的一种意志。它在精神层面往往体现为一种观念、一种思想、一种主义，在行为层面表现为一定的态度和准则。本质上讲，企业家信仰是对自身存在价值的宣告，为企业提供了追求自身价值的动力和目标。当前，我国经济进入了加快转方式、调结构的关键时期，国内企业也纷纷踏上转型升级的新征程。转型升级表面上是技术、产业的进步和发展，在深层次则是发展理念、发展模式的深刻转变，这与企业家信仰的确立或转型紧密相关。可以说，企业的升级根本上是文化、信仰的升级，否则就不可能取得成功，因为精神的高度决定了一个人、一个企业的事业高度。特别是对一些企业家而言，更要通过打造新的、具有正确价值导向的信仰，从以前一些急功近利、注重短期效应，甚至热衷于挣快钱、快挣钱的误区中走出来，诚实守信、依法经营，扎扎实实做好技术研发、管理创新、产品生产、售后服务等工作，为客户创造更多价值，树立负责任的企业公民形象，赢得整个社会的尊敬。

（3）契约精神欠缺

契约精神是市场经济的真谛，也是市场经济的基本保障。契约精神的基本逻辑是，人与人之间与生俱来的天分和财富是不平等的，但是可以用道德和法律上的平等来取而代之，使初始状态的不平等，在社会规范和法律权利上拥有完全的平等。契约精神同时意味着，人和人之间并非孤立无关，人在这个世界，作为社会的动物，是订有契约的：物质利益的来往，有法律的契约；行为生活的交往，有精神的契约。契约精神的实质是讲诚信，没有诚信的市场就会沦落成赌场、劫场甚至是法场。不信守承诺意味着可以造假、可以钻法律空子、可以不讲规则、可以欺诈、可以强买强卖，市场经济将失去根基。培育契约精神需要全社会共同做出努力。契约精神是社会共识，是社会的共同价值追求。中国几千年封建制度等级森严，重农轻商文化深厚，契约精神孕育成长不健全，反映民营企业家缺乏契约精神的事例比比皆是。改革开放早期，做生意随意毁约随处可见，签订合同不执行时有发生。"三角债"曾经一度成为企业经营的沉重负担，甚至导致中央出台具体政策、采取相应措施、拿出专项资金来专门解决困扰企业的"三角债"问题。中国企业家普遍缺乏契约精神可见一斑。伴随我国社会主义市场经济建设不断深化，法制日趋健全，契约精神孕育成长的社会氛围日趋改善。

改革开放以来，外部社会环境、企业家自身主观方面都存在不利于企业家精神孕育、企业家精神发挥正向积极作用的因素，导致全社会企业家精神缺失。企业家精神缺失使经济质量存在严重隐患。主要表现为产业创新不足，实体经济不发达。企业家精神缺失意味着企业家丧失灵魂，丧失了创新的灵魂。缺乏了企业家精神的市场经济，就是没有了价值、灵魂、方向的市场经济。我国国民经济转型升级的根本出路在于培育企业家精神，构建企业家精神家园。

三、民营企业家非制度化政治参与现状

在我国由计划经济向市场经济转轨的特定历史时期，由于制度建设的完备性缺欠，极易出现非制度化政治参与现象，部分民营企业家凭借其经济地位，常以经济手段寻求政治权力给予垄断特权，进而获得超额利润。从经济精英参政的角度来看，利益集

团具有持久的参政动力和参与欲望，这是自明之理，在许多国家也是被允许的事情，关键在于如何使之制度化和透明化。① 民营企业家拥有相对殷实的经济基础和体制外的政治身份，在谋求更有利发展机会的欲望驱使下必然有更大的政治参与动力。然而，在民营企业家制度化政治参与机制尚未完善和参与渠道依然为稀缺资源，政府公权力对市场资源配置依然具有决定性影响的状况下，民营企业家的政治经济权益诉求自然产生非制度化偏好，因此，在社会政治经济生活中以政"权"与商"利"进行"合谋博弈"为典型代表的民营企业家非制度化政治参与现象也就大量产生了。

（一）民营企业家非制度化政治参与的主要表现

公民在表达政治经济权益诉求时，若采用超越现存制度规范、程序以及途径而从事影响政治过程或公共决策的行动可以称为非制度化政治参与。它"是在缺乏民主法治传统，旧有体制仍发挥强大作用下，推动政治民主化建设必须经历的一个阶段性产物"②。它是在政治系统民主化程度不高的时代背景和民营企业家参与动机具有狭隘性的共生产物，因此也必然表现出非规范、不理性与情绪化倾向，即为了争取更多的发展机会、获得更多的个人或小群体利益，以经济利益为诱饵"绑架"经不起诱惑的部分拥有决策话语权的体制内同盟者，于是，形形色色的政商"权""利"合谋行为就屡见不鲜了。民营企业家非制度化政治参与主要表现在以下四个方面。

---

① 吴敬琏：《呼唤法治的市场经济》，生活·读书·新知三联书店2007年版，第3页。

② 闫彩霞，刘涛：《国家治理转型中非制度化政治参与困境及超越》，载《甘肃社会科学》2015年第2期，第167—170页。

1. 与公职人员建立非理性私人联系

完善的市场经济社会中市场是资源配置的决定性因素，政府行使包括市场监管在内的社会管理职能时，官员和企业家的接触与交往也须理性地符合市场规则和行政准则。然而，在市场经济建立初期自然还不尽完善，"政府在市场资源配置中仍然有着至关重要的作用，越来越多的企业家积极寻求与政府之间的联系，以获得企业在债务融资、税收税率、政府补助、资源配置等方面的优势"①。这就使得部分民营企业家假借"交朋友""攀亲缘""正常人情往来"等各种方式力图和掌控某种"公权力"的公职人员建立非理性常态化的私人联系，意图分享体制内的部分政治权力资源，企图"办事"顺畅、预知各种经济及政策信息、获得特殊的政策优惠，等等，达到降低企业经营成本和风险，从中获得不当得利的目的，进而取得不正当的优势竞争地位。

2. 重要事项的寻租设租现象

"办事便当"型的非理性常态化私人联系的有限性和较低的利益关联度，往往无法满足"利益最大化"的贪欲，因此在重要事项上寻求公权力"合伙人"的欲望便发展成为"权""利"合谋的强大动力。阿克顿说过："权力导致腐败，绝对权力导致绝对腐败。"②某种程度上缺乏监督与制约的公权力，必然给相关公职人员带来一定的设租空间，与经不住诱惑的公职人员"一拍即合"的结果，自然是上演大量的"权钱交易""权色交易"等"政

---

① 高冰，杨艳：《管理者政治关联、社会责任与企业绩效》，载《大连理工大学学报（社会科学版）》2015年第2期，第80—85页。

② [英]阿克顿：《自由与权力》，侯建译，商务印书馆2001年版，第342页。

商合谋"丑剧，一方获得公平竞争之不可"求"、公平交易之不能"得"，另一方则获得了"黑色收入"或美色。这种"政商合谋"个案虽然尚不能形成固化的既得利益集团，但却是民营企业家中"权""利"合谋易发、多发且社会危害面最广的一种形式，利益输送源头主体多元，被腐蚀官员群体面繁杂，社会负面影响力大，严重危害健康政商关系的建立。

3. 以各种方式寻求政治代言人

个别重要事项的"权""利"合谋无法满足"不当得利"的固化与持久，个别民营企业家便利用相关政策尚未建立或完善之机，以各种方式寻求政治代言人，结成固化的"政商利益联盟"。早期的方式是以经济利益左右或影响公职人员的政策取向和行为取向，实现持续的不当得利；随着制度的不断规范，又产生聘用离职公职人员加盟所代表的经济体的"期权"变种方式，离职公职人员长期积累的政治资源和社会资源，由于"人身依附"和利益关联性自然完全可以作为商"利"的竞争资本，"公私合营"的非公经济体获得了竞争特权；后来又发展形成更为隐蔽的方式，就是与手握重权的公职人员（为规避风险一般是其利益相关人）"联手"建立经济体，或者与公职人员利益相关人创办的经济体建立形式合作关系，实则暗度陈仓进行不可告人的利益输送，形成既得利益集团，这是隐蔽性最深、危害性最大的不健康政商关系——政商利益联盟。

4. 以非正当方式自身登上政治舞台

个别民营企业家在经济地位极大提升后，并不满足寻求政治代言人的间接取得"政治靠山"的模式，为彻底改变"体制外"政治背景而急欲自己登上政治舞台，然而制度化内的"代表""委员"、民主人士或居民自治型"官员"等政治安排渠道有限，个别民营企业家不惜采用不正当手段，例如利用宗族势力或黑社会势力操纵选举，或者使用经济手段贿赂选民或代表等方式走上政治舞台。这种以不正当方式获取政治名誉或政治资本的当事人，极易凭借政治身份践踏市场准则、保护自身利益、不当得利；这种以不正当方式登上政治舞台的现象不仅践踏民主和政治文明，也会激发一些社会矛盾，带来一些利益冲突，危害社会稳定。

（二）民营企业家非制度化政治参与的社会危害

非制度化政治参与有时会发展成为特定形式的政治寻租。民营企业家的非制度化政治参与现象如果任其发展下去，必将扰乱社会经济秩序，危及国民经济的健康持续发展，践踏政治文明建设，引发利益冲突和社会矛盾，使党和政府的公信力下降，动摇党的执政基础。可以说，中国民营企业家非制度化政治参与正是对中国既有政治制度适应性的严峻考验。其主要危害表现为以下几个方面。

破坏市场公平竞争的准则。在充分的市场经济条件下，任何经济体在一切经济活动中都应该是公平竞争的主体，都不能以不正当方式获得特许经营权、资源配置权及其他权利。民营企业家的各种政治寻租现象都是一种"官商合谋"，形成"公权力"为特定经济体牟利，从而破坏了市场的公平竞争。

扰乱市场秩序形成资源配置扭曲。市场经济条件下的任何经济活动，只有在公平竞争条件下，才能实现最佳配置资源、取得最大的经济效益和最优的经济发展成果。"官商合谋"不仅破坏了公平准则，而且还引发"劣币驱逐良币"效应，扰乱市场秩序，形成社会经济资源的严重错配，危及国民经济健康发展。

阻碍技术进步及经济可持续发展。"官商合谋"使寻租者可以用较小的经济代价获得垄断特权，进而换取更大的超额经济利益。按照成本效益理论，作为企业经营者断然不会放弃成本小、效益大、见效快的寻租模式，转而进行经济成本相对大、技术风险大、见效慢的新产品研发，其后果自然是阻碍了技术进步及经济可持续发展。

引发利益冲突和社会矛盾。逐利性是所有经济体的天性与本能，"劣币驱逐良币"不仅有悖于"优胜劣汰"的公理，其后果必然使利益相关人"不平则鸣"，这种利益冲突严重化后极易引发相对当事人之间的"对抗性"事件，扰乱社会秩序影响社会和谐，发展下去会积累严重的社会矛盾，危害社会稳定。

财富非正当聚集形成民怨。"官商合谋"一旦形成固化的既得利益群体，公权力必受寻租者左右，制定并实施有利于特定利益群体的政策、法案，出现诸如"低价圈地""低价并购"等公权力"监守自盗"现象，掠夺国家资产、侵蚀公共财富，这种财富非正当聚集必然带来贫富差距和分配不公，积重难返，自然形成了民怨。

社会公信力下降动摇群众基础。社会公权力是国民对社会公共管理"治权"向国家机器的集体让渡，因此"公权力"应该为所有国民提供平等的公共服务，"官商合谋"形成了事实上的"公权私用"，表象上是腐败滋生，本质上会导致党和政府的公信力下降，引发社会信用危机，动摇群众基础。

成为进一步深化改革的最大阻力。"官商合谋"形成的既得利益集团，本质上是一种跨越经济基础与上层建筑的"政治经济联盟"，此种联盟是改革开放、经济转轨、市场规则不完善的最大受益者，这种联盟嵌入到政治结构中，具有极大的"政治话语权"，为维护既得利益必将成为进一步深化改革的最大阻力。

阻碍政治文明建设和民主政治健康发展。实质民主才是民主政治健康发展的必由之路，以贿选等非正当方式登上政治舞台的乱象，不仅有违选举人的真实意志，也有悖选举的程序正义、结果公正，更是对民主政治的无情践踏。贿选、跑官要官、买官卖官等政治乱象不绝，政治文明建设将无从谈起。

（三）民营企业家非制度化政治参与的成因

在市场经济条件下，若政治权力从经济领域中的撤出并不彻底，就会出现权力逗留于经济领域中"设租""招租"或者等待"寻租"的结果[①]。公民政治参与的重要推动力是对利益的追求和权利的保护，若社会没有及时解决制度供给，即向每个公民及各个阶层提供最广泛的平等参与权利、机会、渠道，那么公民就会以非制度化的形式来表达和维护自己的利益。若再叠加上社会公权力的监督与约束机制滞后于政治经济生活发展需求的状况，自然而然地就会产生"分配性努力"以更小的成本带来比"生产性努力"丰厚得多的政治经济权益这一不公平现象。"权""利"合谋这种不健康政商关系正是在这些政治、经济、人文等因素交互作用下产生的。

1．"官本位"和"抑商"的传统文化

一方面，两千多年的封建社会使我国现阶段仍然残余浓厚的"官本位"封建文化。人民当家做主语境下行使"公权力"的官员群体中，阻碍民主政治建设的"家长制"的作风、有悖"依法治国"方略的"权大于法"现象广泛存在。现实社会政治经济生活中，民众依然存在对"公权"的崇拜与依附心理，民营企业家由于其特定的体制外政治背景身份的缘故更不例外，解决问题寄托于人治而不是法治，社会生活特别是经济活动中宁可摒弃正当

---

① 郭忠华：《改革呼唤新的思维和动力》，载《探索与争鸣》2013年第12期，第47—51页。

竞争途径和手段，往往相信"关系""门路"，久而久之便在现实生活中造成"商巴结于官"的"潜规则"盛行。另一方面，中国社会长期以来存在"重农抑商"传统文化，"无商不奸""为富不仁"的偏见依旧根深蒂固，导致民营企业家的社会地位与社会认可度相对偏低，在对民营企业的各种限制政策尚未完全放开、民营企业还不能与国有企业一样，拥有真正意义上的平等机会、平等权利的阶段内，自然形成了民营企业家阶层对"权力"的追逐和依附。

2.人的"逐利性"本能在市场经济条件下的膨胀

马克思曾经强调："人们为之奋斗的一切，都同他们的利益有关。"[①]自利性是人的一种本能，计划经济时代一切经济资源和分配方式在国家双重高度管控下，人的自利性更多的是体现在非经济利益上。市场经济条件下，人的自利性开始逐渐转移到"逐利性动机扩张"上，民营企业家及其代表的经济体追求经济利益最大化是一种本能，也是民营企业家安身立命与发展壮大的关键之所在。以最小成本获取最大经济利益是最大的经济逻辑，在市场经济规则不健全的状况下，资源、要素配置并非完全由市场决定，因而就难以实现真正意义上的完全公平竞争，以商"利"依附于政"权"为典型代表的"分配性努力"模式能够以最低成本获取最大经济利益的现象自然产生，即人的"逐利性"本能膨胀成为催生"权""利"合谋的原动力。

3.改善政治地位和经济基础的非理性契合

公有制为主导的多种经济成分共存的市场经济条件下，民营经济实力不断提高，但是其固有的体制外政治背景身份却难以改变、政治话语权依然较低。在经历了姓"资"姓"社"的争议、

---

① 《马克思恩格斯全集》第一卷，人民出版社1972年版，第82页。

进入政党组织的逐步解禁和少量的政治安排等历史阶段后，民营企业家随着经济地位的不断提升，其争取政治话语权的热情也不断高涨，在制度化的政治安排有限、相对供给不足导致真实利益诉求渠道不畅，因此非理性地寻求政治代言人成为现实需求。另一方面，公职人员公正履职虽然能够获得岗位的合法性契约收入，但在现实生活中他们也同样扮演"经济人"的角色，存在自身的经济利益目标追求。若在利用职权之便可以轻松且低风险地获取岗位契约收入以外的超额利润的情况下，很容易经不住诱惑一步步走上以权钱交易方式获取黑色收入的道路，"政商合谋"就这样大量出现了。

4. 市场运行机制不完善的制度缺欠

计划经济向市场经济转轨时期，规范的市场竞争规则和市场资源配置机制尚需逐步建立与完善，一定时期内会出现"市场失灵"，因此政治权力过度介入社会经济生活、行政权力过度管控经济活动便自然而然发生了，即市场经济条件下依旧是资源配置行政化主导。公权力过度集中且在政务公开透明度不够、监督机制不完备的现实条件下，为公职人员权力设租提供了广阔的空间。另一方面，民营企业等非公有制经济组织在行业介入、准入门槛、资金筹措、特定政策待遇等方面均受到一定约束的状况下，也大大刺激了民营企业家的权力依附动机，寻求权力代言人以期获得行政审批、项目立项、经营特许、土地批租、工程承包、进出口配额、税赋减免、贷款支持等特权，进而获得更大的经济利益。

5. 隐蔽性与低成本致使禁而不止

"政商合谋"具有一定意义上的隐蔽性，一是在交易方式上，金钱交接的私密性、权色交易的间接性、利益输送的关联性等；二是在公共视野下，公开透明度不够致使信息不对称，降低了公众监督的有效空间，公权私用还有职务之便的掩盖性等均是隐蔽性的体现。隐蔽性造成"政商合谋"中的公职人员败露机会小，承担的被惩处风险成本低。此外，现行法律对"政商合谋"中的公职人员惩处严厉性也与其造成的社会危害性相比失之于宽。另外，对于民营企业家而言，用相对较低的经济成本寻求权力代言人可以获取更大的经济利益，一旦败露更多情况下是只惩处操控公权力的公职人员，而"权""利"合谋的利益诱惑方却极少得到同等的惩处，因此可以说隐蔽性及低成本是"政商合谋"禁而不止的原因之一。

十八大后反腐案例表明，政商勾肩搭背、权钱交换等政商"权""利"合谋现象大量存在，不仅损伤市场经济的公平竞争，也严重破坏政治文明建设。因此，完善市场决定资源配置的市场机制、把公权力装入制度的"笼子"里、引导企业家特别是民营企业家依法经营并拓宽其制度化政治参与渠道，是规避民营企业家非制度化政治参与的可靠途径。

四、新型政商关系的提出与构建价值

政商关系是我国社会主义现代化建设过程中不可忽视的重要内容，构建良性政商关系对促进我国政治经济社会发展具有十分重要的意义。改革开放以来，随着社会主义市场经济的不断发展和民营经济影响力的日益增强，我国在构建良性政商关系的问题上积累了一定的经验，特别是在处理政府与民营企业关系上取得了一些较为显著的成效，政商关系在大体上向着良好的方向发展。

（一）新型政商关系的内涵

所谓政商关系一般是指"政"和"商"在履行行政职能和经

济职能过程中所形成的相互作用关系。① 政商关系包含宏观及微观两个层面，宏观层面表现为政府与市场、政府与企业的关系，微观层面表现为政府官员与企业家之间的关系。这些关系都是我国在政治经济发展过程中存在的最现实的关系，对我国的政治、经济、文化、思想，甚至是生态环境产生的影响举足轻重。

根据马克思主义观点，政商关系是在社会第三次大分工中"由于商品交换的发展，出现了一个不再从事生产只从事产品交换的商人阶级……由于有了阶级对立，于是产生了国家"② 这一过程中产生。从理论上来讲，"政"在保证国家长治久安的立场上制定市场规则和法律法规，通过行使行政权力，对社会资源进行有目的、有计划的监管与分配来维护国家的稳定与社会的发展；"商"在遵循市场规则与法律法规的前提下自主经营，通过为社会创造就业资源与社会财富来促进国家的发展与经济的进步。因此，"政"与"商"在本质上只是在社会分工中发挥着各自作用的两个不同主体，而并无"先后主次"之分。

在现实社会发展过程中，一个国家的政商关系由于受到不同时代的经济发展状况、政治生态环境以及社会思想发展程度等多种因素的影响，逐渐发展为一种多层次的复杂结构，包含着政治与经济、国家与人民、政府与企业、公权力与私权力等多个方面的内容，而人们通常会将政府与企业、权力与资本、官员与商人等的一些关系认作是政商关系；中国的政商关系就是如此，它并不是一种单纯的理论层面上的"政"与"商"的关系，而是在当

① 韩影，丁春福：《建立新型政商关系亟须治理"权""利"合谋行为》，载《毛泽东邓小平理论研究》2016年第4期，第48页。
② [德]恩格斯：《家庭、私有制和国家的起源》，中共中央马克思恩格斯列宁斯大林著作编译局译，人民出版社2004年版，第172-176页。

代中国特定的政治生态与经济发展环境的条件下，为中国社会经济、政治、文化与社会思想等多种因素所影响而逐渐演化和形成的一种特殊的复杂结构。政商关系反映在政治领域的焦点是"权"，即社会公平与垄断特权的博弈，反映在经济领域的焦点是"利"，即社会效率与不当得利的博弈。[①] 因此，依法行政和守法经营自然成为良性政商关系的基本前提。

新型政商关系的基本内涵正如习近平总书记精准提炼的那样，概括起来就是"亲"和"清"两个字。"亲""清"二字言简意赅，意蕴深远，不仅清晰明确地概括了新型政商关系的基本特点，同时也为新型政商关系的发展指明了方向。在习总书记看来，构建新型政商关系应该主要从政府官员和民营企业家两方面入手，以"亲""清"二字作为标准规范二者行为，协调二者关系。

对于政府官员来说，与民营企业家之间保持"亲"的关系，意味着要真实坦诚地与民营企业家进行沟通和互动，时常与民营企业家交流谈心，了解他们对于经济发展的建议和公司在实际运营过程中遇到的问题，当民营企业家遭遇挫折或经营不善时要挺身而出，依法为他们提供精神支持和经济援助，帮助他们解决实际问题，真正做到全心全意为非公有制经济做贡献。与民营企业家保持"清"的关系，意味着在与民营企业家交往过程中要真正做到廉洁自律，绝不能仅为一己私欲与一些非法商人勾结，要坚决维护国家和社会的公平正义。

对于民营企业家来说，与政府官员保持"亲"的关系，意味着在经营企业的过程中要重视与相关部门的政府官员之间的沟通

---

① 韩影，丁春福：《建立新型政商关系亟须治理"权""利"合谋行为》，载《毛泽东邓小平理论研究》2016年第4期，第48页。

与交流，并时刻保持一颗至诚之心，敢于向政府汇报真实情况或问题，提出好的建议或规划，不遗余力地为地方经济的发展做贡献，切实履行企业的社会职能。与政府官员保持"清"的关系，意味着要摆正自身位置，在遵守法律和遵循社会道德的基础上清清白白地发展企业，踏踏实实地将企业做大做强。如果在发展企业的过程中遇到一些挫折或困惑，应该依照合法合理的程序向政府汇报并与政府相关负责人一起积极地解决问题，消除困难。如果遭遇一些政府公职人员不配合或恶意阻挠，应该及时到相关部门检举揭发，真正学会用法律来捍卫自己的合法权利和利益。

与此同时，还应该充分认识到，靠与一些无良高官相互勾结、凭借权钱交易来为企业带来巨大短期利益的做法是不可能让企业发展长久的，因为这破坏了社会的公平正义，将受到社会道德的谴责和法律的制裁。习总书记"亲""清"型政商关系的理解，深刻精准，意蕴深远，它象征着新型政商关系理论的产生与成熟。现在，以"亲""清"二字为标准积极构建新型政商关系，已成为需要我国政府官员与广大民营企业家一起努力完成的重要任务。

（二）新型政商关系的构建价值

新型政商关系的重要价值体现在以下几个方面。"亲"倡导了"公仆"的平等服务精神，公职人员为包括民营企业家在内的所有社会成员提供平等的公共服务是其职责之"义"，这种源于"义"而非源于"利"之"亲"，符合现代社会文明倡导的平等职业分工理念。"亲"构建了"民商"的公平发展环境，不需附加"利"的代价而能够获得平等的公共服务，必将形成使所有"民商"获得相对公平的发展机遇和发展权利。"清"重申了"公仆"的廉政约束底线，公仆不得借服务"民商"之机以权谋私、权钱交易，伸手必被捉。"清"引领了"民商"守法诚信价值取向，当勾肩搭背、利益输送获得额外超额收益之路不通时，诚实守信、合法经营自然成为"民商"的唯一行为取向。[①]

构建新型政商关系，充分发挥良性政商关系对我国政治经济社会发展具有促进作用，是历史发展的必然选择，也是时代进步的客观要求。就理论意义而言，研究新型政商关系构建问题，对于完善我国的市场经济理论以及民主政治理论具有重要的理论意义，有利于丰富和发展我国的市场经济理论和民主政治理论。从现实意义来看，构建新型政商关系对厘清我国政府官员和民营企业家各自的权限以及相互关系具有重要的指导意义。第一，它有利于厘清我国政府官员与民营企业家各自的权限以及相互关系，既扫除了部分政府官员内心的阴霾，促进政府官员更有原则、更有效率地为民营企业家提供发展机遇，帮助他们推动我国经济的快速发展，同时也为我国民营企业家处理政商关系提供崭新的思路，消除他们对于谋求自身发展会受到政府阻碍的顾虑，有利于引导他们逐渐以市场为导向，不断优化民营企业内部环境，充分发挥他们对经济发展的促进作用。第二，它有利于促进党和政府不断加强党风廉政建设，解决少数干部为官不为或为官乱为的问题，对于我国打造更加清晰明净的政治生态具有十分重要的意义。第三，它有利于促进全社会普遍形成公正平等做事的原则，为我国进一步巩固和发展党领导的爱国统一战线做出贡献。

---

① 韩影，丁春福：《建立新型政商关系亟须治理"权""利"合谋行为》，载《毛泽东邓小平理论研究》2016年第4期，第49页。

第五章

辽宁民营企业家成长环境的
实证研究

企业家所处的环境自由度对于塑造企业家精神和促进企业家成长非常重要。经济转型需要企业家精神。企业家精神的挖掘与弘扬有赖于企业家内外部成长环境。当前，辽宁正处于经济转型升级的关键时期，鼓励民营企业家创业，培育以创新为核心，以敬业、责任感和实现自我价值为内涵的企业家精神，培养一批具有企业家精神的优秀民营企业家，推动社会的整合与进步，不仅是区域经济发展的需要，更是重组社会道德观价值观的需要。本章主要对辽宁投资营商环境的现状、辽宁市场创新创业环境现状、辽宁民营企业发展障碍的现状以及辽宁民营企业家精神特质的现状进行了调研，旨在深入了解和总结辽宁民营企业和民营企业家成长环境，为培育辽宁民营企业家精神、促进民营企业家成长、实现辽宁民营经济成功转型提供依据。

一、对辽宁投资营商环境的现状调查

近年来，辽宁省政府重视民营经济发展，通过改善政务环境、规范市场环境、优化政策环境、完善社会环境等多种措施改善营商环境，促进了民营企业的健康发展。通过调研发现，辽宁省投资营商环境与南方先进地区相比、与广大民营企业的期望相比，仍然存在许多需要注意的问题。

（一）政策环境方面

信息不对称、政策不稳定、企业税负过重。一是信息不对称，政策宣传和落实不到位。政府部门的信息公开程度不高，各项扶持政策又分散在各个部门，政策发布方式较为传统、发布范围较为狭窄，导致一些企业无法获得和享受相关政策。可以说，政策宣传的"最后一公里"问题较为严重。另外，调查中企业普遍反映，享受优惠政策的难度很大。一些政策的门槛设置过高、申请条件苛刻、办理程序复杂，既耗时又费力，企业只能望而却步。二是一些政策不稳定、不连贯、不兑现。有的政策不具体，缺乏可操作性，增加了落实的随意性；有的政策朝令夕改，说变就变；有的政策涉及多个部门，相互不配合不同步，造成政策失效。三是企业税费负担依然过重。企业缴纳税费种类繁杂，最多的接近30种，且税费总量偏高。如现行"五险一金"缴费比例较高，企业统筹部分达到44%；工会会费提取比例也高达2%。

（二）政务环境方面

某些政府部门行政执法的自由裁量权较大，懒政、怠政、不诚信现象较为严重。一是一些部门没有对行政处罚自由裁量权做出规范，选择执法、随意执法问题依然存在。有企业反映，有些政府部门发现问题直接处罚，不给企业纠错整改的机会，而且处罚额度一般都是取规定数额的上限。还有企业反映，有些政府部门借评比、认证、培训等名义进行乱摊派乱收费,"吃拿卡要""人情"执法等现象仍屡见不鲜。二是懒政、怠政现象较为严重。一些政府工作人员在行政审批、解决企业诉求等方面消极怠工,推拖拉现象比较普遍。这种懒政、怠政对企业的建设、生产和经营都产生了不同程度的不利影响,增加了企业的政府公关成本。三是一些部门不诚信形象急需改善。有企业反映,一些政府招标项目企业垫款多,有的政府安居工程也需要企业垫资建设;土地摘牌并缴纳相应费用后,政府却不能及时完成动迁和清理,导致企业建设工期拖延。

(三)市场环境方面

竞争不公平、融资难、经济类社会组织发展滞后。一是市场竞争存在不公平现象,仍有"抓大放小""国重民轻"的倾向,政策支持和资金投入与各自所占比例和所做贡献相比失衡。在项目招投标、市场准入等方面,对民营企业尤其是中小企业另眼看待,设置严格烦琐的进入管制和前置审批。在出台土地供应、区域规划、政府采购等方面的政策时,对民营中小企业考虑不充分。二是融资难融资贵问题比较突出。民营企业融资渠道狭窄,融资成本居高不下。中小企业在银行融资多以抵押贷款为主,贷款抵押比例高达150%~200%,贷款利率在基准利率基础上浮动40%~60%。加上手续烦琐、审批时间长,贷款成功率普遍不高。在当前经济下行压力加大的情况下,银行抽贷、惜贷现象非常突出。小贷公司、典当公司等非金融机构成为许多企业解决资金短缺的重要渠道。有的企业甚至通过民间借贷来解决资金"过桥"。三是人才环境还不理想。辽宁省民营企业拥有的人才总量不足、层次不高,获取人才的市场化程度较低。民营企业人才流动、管理、职称评定等相关法规建设滞后。高端继续教育体系相对薄弱,人才素质提升和发展空间有限。民营企业引进高素质人才的优惠政策还不完善。高级管理人才和熟练技术工人招聘难、流动性大的问题还十分突出。四是经济类社会组织发展滞后。商会协会作为中介组织，是市场经济体系中不可或缺的组成部分。据许多外地在沈投资经商的民营企业家反映，在南方经济发达地区，商会组织蓬勃发展，已成为当地经济社会发展尤其是民营经济发展的重要依托。而沈阳市商会协会组织发展与经济社会发展水平不匹配、不适应的问题较多，还存在培育扶持不够、整体规模偏小、作用发挥严重不足等问题。

（四）社会环境方面

舆论环境营造不足、服务体系不健全。与南方发达地区相比，辽宁宣传优秀民营企业家以及企业家精神的力度明显不够。一是全民创业创新基础薄弱。受地域文化和计划经济的影响，辽宁本地人小富即安的思想十分严重，加上大众创业万众创新的普及性教育长期匮乏，普遍缺少"爱拼才会赢"的创业精神和"敢为天下先"的创新气魄。各级党委政府支持创业鼓励创新的机制体制还不健全。全社会产学研用综合服务平台建设相对滞后，政策扶持、技术研发、成果转化、人才培养的能力和水平还很低。辽宁省多数企业属于传统产业并处于产业链低端，科技研发投入和创新能力一直严重不足，全社会创业创新空间极其有限。二是舆论环境营造不足。与南方发达地区相比，辽宁省大张旗鼓地宣传民营经济、优秀民营企业家以及企业家精神的力度明显不够。亲商、安商、助商的思想在各级领导干部心中还没有扎根。对从商、营商的启蒙式教育和引导还明显不足。全社会尤其是各级政府及其工作人员尊重纳税人的理念还未树立起来。理解民营企业家、关心民营企业家、支持民营企业家的浓厚社会氛围还没有形成。三是全社会的法制和诚信建设还有差距。诚信是营商环境的重要内容。由于发展不平衡，与经济快速发展相比，依法治市建设和诚信体系建设还处于滞后状态。全社会尊重法律、学习法律、遵守法律的自觉性，以及用诚信精神和法律思维经营企业的主动性还没有形成。个别企业弄虚作假、偷税漏税、恶意拖欠等不诚信事件时有发生。"不找人难办事"的潜规则还大行其道。四是服务体系还不健全。目前，辽宁省的中小企业服务体系建设还不能满足众多民营企业发展的实际需求，还存在覆盖面小、社会化程度低、服务能力弱等不足。现有的各级中小企业服务中心由政府主导，属于非市场导向的管理模式，很多服务与企业需求不相吻合，服务效果很不明显。相对于南方发达地区，辽宁省的创业孵化和创新服务体系建设落后，尤其是针对战略新兴产业、先进制造业、现代服务业等国家重点发展领域的服务能力严重不足。

2019年李克强总理在《政府工作报告》中提到："优化营商环境就是解放生产力、提高竞争力，要破障碍、去烦苛、筑坦途，为市场主体添活力，为人民群众增便利。"优化营商环境，构建良好的政商关系，既是更好发挥政府作用的要求，也是企业的普遍呼声。"投资不过山海关"曾是民众对于东北地区恶劣的营商环境的反映。辽宁民营企业发展的规模、速度、质量和水平在很大程度上与营商环境的优劣相关。目前，营商环境建设是解决辽宁经济发展难题的重要切入点和突破口，是促进产业多元化发展、推动产业转型、转变社会治理模式的重要抓手。我们期待着营商环境的重塑能促使辽宁民营企业的巨大效能得以释放。

二、对辽宁市场创新创业环境的现状调查

市场环境对于民营企业家发展构成直接重要影响，本次调研分别以民营企业家、政府部门、社会组织为采访对象，从市场监管施政与政府服务质量两个方面对辽宁省市场环境进行了评估。

（一）民营企业家对辽宁创新创业环境的认知

首先，民营企业家对监管施政能力的评价。根据本课题调研数据分析可得，40.84%的企业认为所处环境非常符合行政规范；另有18.32%及20.72%的企业分别认为所处环境与行政规范符合或符合度一般。31.55%的企业认为所处环境非常符合解决企业纠纷能力；另有17.18%及23.1%的企业分别认为所处环境与解决企业纠纷能力符合或符合度一般。29.38%的企业认为所处环境非常符合规划管理经济及决策能力；另有18.64%及22.6%的企业分别认为所处环境与规划管理经济及决策能力符合或符合度一般。33.82%的企业认为所处环境审批及管理程度复杂性非常高；另有19.53%及17.2%的企业认为所处环境审批及管理程度复杂性较高或刚好。32.94%的企业认为所处环境职能部门保护知识产权力度非常高；另有17.49%及19.24%的企业认为所处环境职能部门保护知识产权力度较高或刚好。上述五项内容的均值均超过一般符合值。由此说明，辽宁省民营企业所处政府监管环境在行政规范、解决企业纠纷能力、规划管理经济及决策能力、审批及管理程度的复杂性和职能部门保护知识产权力度五个方面均超过一般标准，但尚未达到较高水平。因此，民营企业所处政府监管环境还应在上述五方面提升。

其次，民营企业家对政府服务质量的评价。根据本课题调研数据分析可得，25.07%的企业认为所处环境公务员办事能力及效率非常高；另有17.78%及23.62%的企业分别认为所处环境公务员办事能力及效率较高或一般。26.45%的企业认为所处环境政务网上公开力度非常高；另有16.86%及25%的企业分别认为所处环境政务网上公开力度较高或一般。30.52%企业认为政府为企业服务的意识非常高；另有13.37%及22.09%的企业分别认为所处环境企业服务的意识较高或一般。31.78% 的企业认为所处环境政府守信程度非常高；另有 14.29% 及 20.99% 的企业分别认为所处环境政府守信程度较高或一般。上述四项内容的均值均超过一般符合值，但未超过较高符合值。辽宁省民营企业所处环境的政府服务质量在公务员办事能力及效率、政务网上公开力度、为企业服务的意识和政府守信程度四个方面均超过一般标准，但尚未达到较高水平。因此，民营企业所处环境的政府服务质量还应在上述四方面提升。

（二）政府部门对辽宁创新创业环境的认知

首先，政府部门对监管施政能力的评价。根据本课题调研数据分析得出，44.5% 的部门认为所处环境非常符合行政规范；另有 11.8% 或 18.2% 的企业分别认为所处环境与行政规范符合或符合度一般。28.2% 的部门认为所处环境非常符合解决企业纠纷能力；另有 17.3% 或 20.9% 的部门分别认为所处环境与解决企业纠纷能力符合或符合度一般。29.1% 的部门认为所处环境非常符合规划管理经济及决策能力；另有 12.7% 或 24.5% 的部门分别认为所处环境与规划管理经济及决策能力符合或符合度一般。22.7% 的部门认为所处环境审批及管理程度复杂性非常高；另有 12.7% 或 30.9% 的部门分别认为所处环境审批及管理程度复杂性较高或刚好。30.0% 的部门认为所处环境职能部门保护知识产权力度非常高；另有 14.5% 或 20.0% 的部门分别认为所处环境职能部门保护知识产权力度较高或刚好。上述五项内容的均值均超过一般符合值。由此说明，辽宁省部门所处政府监管环境在行政规范、解决企业纠纷能力、规划管理经济及决策能力、审批及管理程度的复杂性和职能部门保护知识产权力度五个方面均超过一般标准，但多数尚未达到较高水平。因此，部门所处政府监管环境还应提升在上述五方面的建设。

其次，政府部门对政府服务质量的评价。根据本课题调研数据分析得出，31.8% 的部门认为所处环境公务员办事能力及效率非常高；另有 17.3% 或 20.9% 的部门分别认为所处环境公务员办事能力及效率较高或一般。24.5% 的部门认为所处环境政务网上公开力度非常高；另有 19.1% 或 20.9% 的部门分别认为所处环境政务网上公开力度较高或一般。38.2% 的部门认为所处环境企业服务的意识非常高；另有 13.6% 或 20.0% 的部门分别认为所处环境企业服务的意识较高或一般。32.7% 的部门认为所处环境政府守信程度非常高；另有 19.1% 或 22.7% 的部门分别认为所处环境政府守信程度较高或一般。上述四项内容的均值均超过一般符合值。由此说明，辽宁省政府部门所处环境的政府服务质量在公务员办事能力及效率、政务网上公开力度、为企业服务的意识和政府守信程度四个方面均超过一般标准。因此，部门所处环境的政府服务质量应继续提升在上述四方面的建设。

（三）社会组织对辽宁创新创业环境的认知

首先，社会组织对监管施政能力的评价。根据本课题调研数据分析可知，29.73% 的社会组织认为所处环境非常符合行政规范；另有 10.81% 及 9.46% 的社会组织分别认为所处环境与行政规范符合或符合度一般。18.92% 的社会组织认为所处环境非常符合解决社会组织纠纷能力；另有 12.16% 及 14.86% 的社会组织分别认为所处环境与解决社会组织纠纷能力符合或符合度一般。20.27% 的社会组织认为所处环境非常符合规划管理经济及决策能力；另有 13.51% 及 16.22% 的社会组织分别认为所处环境与规划管理经济及决策能力符合或符合度一般。17.57% 的社会组织认为所处环境审批及管理程度复杂性非常高；另有 13.51% 及 16.22% 的社会组织分别认为所处环境审批及管理程度复杂性较高或刚好。25.68% 的社会组织认为所处环境职能部门保护知识产权力度非常高；另有 8.11% 及 13.51% 的社会组织分别认为所处环境职能部门保护知识产权力度较高或刚好。由此说明，辽宁省社会组织所处政府监管环境在行政规范、解决社会组织纠纷能力、规划管理经济及决策能力、审批及管理程度的复杂性和职能部门保护知识产权力度五个方面均超过一般标准，但尚未达到较高水平。因此，社会组织所处政府监管环境还应提升在上述五方面的建设。

其次，社会组织对政府服务质量的评价。根据本课题调研数据分析可知，20.27% 的社会组织认为所处环境公务员办事能力及效率非常高；另有 9.46% 及 14.86% 的社会组织分别认为所处环境公务员办事能力及效率较高或一般。24.32% 的社会组织认为所处环境政务网上公开力度非常高；另有 5.41% 及 17.57% 的社会组织分别认为所处环境政务网上公开力度较高或一般。21.62% 的社会组织认为所处环境社会组织服务的意识非常高；另有 9.46% 及 13.51% 的社会组织分别认为所处环境社会组织服务的意识较高或一般。18.92% 的社会组织认为所处环境政府守信程度非常高；另有 10.81% 及 12.16% 的社会组织分别认为所处环境政府守信程度较高或一般。由此说明，辽宁省社会组织所处环境的政府服务质量在公务员办事能力及效率、政务网上公开力度、为社会组织服务的意识和政府守信程度四个方面均超过一般标准，但尚未达到较高水平。因此，社会组织所处环境的政府服务质量还应提升在上述四方面的建设。

从民营企业家、政府部门、社会组织三个角度调查辽宁省经济软环境建设，虽然结果都超过了平均值，但我们要看到监管施政能力与政府服务质量并未得到绝大多数的认可，辽宁省的市场环境有待进一步加强。

三、对辽宁民营企业发展障碍的现状调查

作为国民经济中最具生命力的一部分，民营经济已经成为支撑和推动辽宁经济增长的重要力量。通过对辽宁民营经济发展情况的专题调研，发现民营企业发展过程中主要存在融资、治理、人才等障碍。

（一）民营企业发展中存在着"融资障碍"

近几年，辽宁省通过担保贷款等措施在一定程度上缓解了民营企业融资难的痼疾，可新产品研发及规模扩张对资金提出了新的要求，同时，高通胀导致原材料、人工和能源成本大幅上涨，这些均直接导致企业资金需求的迅速膨胀，融资缺口有扩大趋势。例如，在"2012中小企业融资服务年"大型银企对接活动上，达成意向贷款总金额29.5亿元。可调研中发现，这些意向真正落地实施的尚不足50%。资金短缺、融资渠道窄仍是民营企业发展过程中面临的突出问题并产生了新的焦点。一是资金使用效率低和贷款期限短。调研表明，目前通过担保获得贷款的期限一般为18个月，这对短期资金周转尚可，但对中长期项目投资则不适用，因为项目资金回笼周期一般长于还款期，造成企业拿到贷款后就忙于考虑回抽资金还款，导致资金利用率不足，且影响项目正常实施。二是金融创新产品使用频率并不高。2008年国际金融危机爆发之后，辽宁省内许多金融机构针对中小型企业创新信贷产品，但调查显示，中小企业仍多采用担保和不动产抵押等传统贷款方式。三是辽宁省内正规的信用评级机构不足，民营企业的资信度得不到全面评估，加之，大量民营企业管理制度不够成熟规范，信息不透明，甚至存在为获得贷款编造假数据、假报表的现象，导致银行无法对其真实经营状况和还款能力进行判断，不愿也不敢提供融资服务。四是融资成本过高。商业银行对中小

企业的贷款利率通常比基准利率上浮 20% 到 30%，并要缴纳公证、担保、抵押等费用，再加上一些金融机构强制企业购买理财产品、实行存贷挂钩、提前扣除利息、变相收取手续费等额外收费成本，企业实际的贷款利息要超过基准利率的 2 倍。五是民间借贷缺乏规范和制度保障，融资风险较高，且通过民间借贷所支付的额外成本更高。调查显示，民间借贷利率是同期基准利率的 3 倍以上，甚至许多小额贷款公司的利率高达 10 倍以上，早已远远超过监管部门规定的"同期贷款利率的 4 倍"的标准，使得很多企业望而却步，求贷无门。六是为民营企业融资服务的担保机构一般规模较小，抗风险能力弱。区县级担保机构的启动资金多在千万元以下，没有达到国家标准。小额贷款公司只被允许放贷而不准吸纳存款，资金有限。七是辽宁省民营企业经营规模普遍较小，及与资本融资市场配套的法律、会计、信用等制度不健全，一般无法进入股市或债市进行直接融资。如，在中小企业板成立的 7 年时间里，全省仅有 10 家企业在该板块上市，沈阳市更是屈指可数。八是鼓励企业融资政策的激励效应不明显。如，沈阳市规定对在境内外上市融资的企业，将按融资额的一定比例给予奖励，最高可达 300 万元。对此，一些中小企业表示，由于上市后融资额度能够达到几亿甚至几十亿，"锦上添花"的百万元奖励对于一个企业是否选择上市根本起不到激励作用。相反，上市前的资金支持对于有意愿上市的中小企业却能够起到关键作用。再如，国务院相继出台举措对中小企业进行扶持，然而由于企业类型界定不清，导致很多扶持政策主要惠及了中型企业，而最需要帮助的小微企业并没有被重视，政策监督成本过高，落实难度较大。

（二）民营企业发展中存在着"治理障碍"

由于多着眼于对利润的追逐，且因人才缺乏，外在生存压力大，辽宁省多数民营企业一般无暇顾及规范企业治理结构与管理机制建设。一是经营管理有失规范。很多中小企业经营者怀有技术特长，但不熟悉市场运作和企业管理，决策能力和管理模式明显不适应市场发展要求，存在随意性与盲目性。企业财务管理制度不规范、不健全，信息不透明，激励机制不到位、用人唯亲等治理问题十分严重，潜在的决策风险很大。二是企业产权结构单一。多数民营企业仍停留在家族经营的层面，90%的企业股权全部集中于家族成员手中。只有不足10%的民营企业为股份有限公司，产权瓶颈制约了进一步发展及上市。三是法人治理结构不健全。有监事会的企业不到8%，即便有也不发挥作用，董事会基本形同虚设，只有不到15%的企业引入了职业经理人，决策家长化，严重阻碍了现代企业制度的建设。四是目前相关政策扶持大都反映在技术创新等硬技术方面，而对治理等软技术的支持有限。如，沈阳市2011年初施行的《沈阳市促进中小企业发展条例》在融资担保、市场开拓、技术创新等方面均有明确具体措施，但在企业治理结构建设方面没有具体支持举措。

（三）民营企业发展中存在着"人才障碍"

作为老工业基地，辽宁是实行计划经济体制最早、时间最长、最彻底的地区之一，这在一定程度上对民营企业人力资源的成长起到了消极甚至阻碍作用。一是政府缺乏战略层面的企业家培养规划和对企业家才能的客观评价，以及企业家网络体系不够健全，企业家之间缺乏沟通和联系等。二是企业家自身自主创业意识差，学习创新能力有限，在经过主要靠胆识、运气的"第一次创业"之后，难以完成由"顺境经营"向"逆境经营"的转变。调研中发现，有的企业确实拥有不错的技术专利、不俗的商业模式乃至出色的管理团队，但是企业负责人缺乏做大做强的勇气和视野，不敢或不愿上市融资发展壮大，担心企业经过股份制改造甚至上市之后，无法以个人名义或者家族名义继续控制公司。三是企业家个人价值取向狭隘，经营投机性强，既不愿大规模投资设备厂房，也不愿在具有核心竞争力的关键技术上进行研发投入，短期行为明显。调查显示，融资结构中内源融资的比重不足20%，这主要是缘于企业内部利润分配存在短期化倾向，自我积累意识淡薄，缺乏长期经营的理念。四是民营企业尤其是小企业无法提供具有竞争力的待遇和发展空间，不仅面临高层次管理人才供需矛盾日益突出的困境，而且就连招到成熟的技术工人和留住专业技术人员也很难。招到所需要的熟练工人、技术人员和管理人员，已经成为企业发展面临的主要困难之一。五是民营企业人力资本投资严重不足。有其主客观原因存在，包括企业财力匮乏、运作不规范、雇员流动性，以及外在软环境欠佳、知识产权保护不力、企业创新收益外溢严重等，使企业不愿增加员工技术培训支出，但根本的一条是缺乏社会制度的引导和支持。

（四）民营企业发展中存在着"其他障碍"

一是受资本、技术、政策等多重壁垒约束，民营企业的成长空间还相当有限。虽有"新36条"等政策出台，但由于配套措施不到位，许多行业中的"玻璃门""弹簧门"仍未打破。二是生产经营成本剧增。中小企业特别是小型微型企业原材料、劳动力等生产要素支出比重大，消化生产经营成本升高的能力显得非常脆弱。另外，中小企业在市场交易中一般不具备产品的定价谈判能力，如果产品价格难以同步调高，本已微薄的利润空间被极度压缩，企业陷入生存困境。三是低水平生产加工。相当多的民营企业技术力量比较薄弱，技术开发能力较差，仍多处于产业链低端，从事附加值低、能耗高的行业，产品科技含量低，竞争力不强，面临着市场萎缩、订单不足的困扰。四是对推进民营经济发展的有些政策宣传不到位，执行不到位，使好的政策"用不上劲"。调查显示，68%的企业对有些政策还不知道，或虽知道但理解得还不透。比如，国家产业政策有变动时，有的企业未能及时获得信息，造成无效投资等。五是受到不规范行政行为的干扰，企业经营遭受损失。

四、对辽宁民营企业家精神特质的现状调查

辽宁企业家精神有强烈的地域文化特色。由于东北地区的历史和产业结构的特征，辽宁地区企业家具有强烈的文化认同感和民族使命感，合作精神强，也正因为如此，辽宁民营企业家精神中多了一份坚守。然而，也正是受制于传统计划经济的影响，辽宁企业家普遍市场意识弱，对市场机会缺乏灵敏嗅觉和准确眼光，缺乏抵御风险和防范风险的意识，在创业、冒险和创新精神上明显不足。

（一）机会把握与冒险精神不足

民营经济发展之初的部分中国企业家的"原罪"在于突破现有的体制机制限制，打破制度约束，其实是一种具有创新意识的冒险精神。企业家的冒险精神还表现在企业战略的制定与实施、企业生产能力的扩张与调整、新技术的开发与运用、新市场的开辟、生产品种的增加与淘汰、产品价格的提高或降低等。辽宁省有很多这方面经营得比较好的民营企业，比如韩伟创办的大连韩伟企业集团、金卫东及其率领的禾丰牧业创业团队，他们基于对国家政策的信心和企业家本人对市场的敏感性，敢于冒险，创新创业取得骄人业绩，企业家精神积极的正向生产性作用十分显著。

但是，辽宁民营企业家在经济发展中冒险精神表现不突出、不明显。辽宁是中国最先进入计划经济，也是最后一个退出计划经济的地区。省内国有企业占据了过多的优势资源与机会，使得

民营企业发展空间狭窄，大都在市场缝隙和因体制改革而出现的市场边缘地带求生存，其原始积累过程慢、管理状况差、竞争实力弱、技术水平低、缺乏核心竞争力、缺乏抗风险能力，因此，缺乏市场活力和冒险精神。根据调研数据，2014年企业投资总额为0的企业共计80家，占比达28.57%；年投资总额为0—500万元和500万元以上的分别占比42.14%和29.29%。2014年年初企业的资产总额为4000万元及以下的企业有167家，占比高达59.86%；年初企业的资产总额为4000万—40000万元和40000万元以上的分别占比27.96%和12.19%。2014年企业经营活动总收入为3000万元及以下的企业共计169家，占比高达66.27%；年企业经营活动总收入为3000万—30000万元和30000万元以上的分别占比22.35%和11.37%。2014年企业经营总支出为3000万元及以下的企业有174家，占比达68.5%；年企业经营总支出为3000万—30000万元和30000万元以上的分别占比22.44%和9.06%。由此可知，近七成的企业资产规模较小，年经营活动收入和年经营总支出均较为保守，企业的发展缺乏积极进取性，表现为辽宁省民营企业家冒险精神不足。

（二）社会责任意识有待增强

目前非公有制经济已经成为辽宁省数量最多、比例最大的企业群体，提供了全省新增就业的70%多的岗位，在就业与纳税上承担了巨大的社会责任，比如民营企业在服务业经济总量中占比不到40%，却提供了全省60%的税收和60%的就业。同时，也担负了一定的社会责任。本溪矿业有限责任公司广开就业渠道，优先安置下岗职工就业；资助厂矿所在地的贫困学生；建立"紫臣儿童糖尿病救助基金"项目，用于22岁以下特困青少年及儿童糖尿病治疗；设立了"包紫臣爱心基金"，主要用于救助全市低保户、低保边缘家庭中的18岁以下患有先心病的青少年和儿童，同时为城乡低保户、低保边缘家庭中的大二学生提供就学就医援助。辽宁民营企业家承担社会责任的案例有很多，但从调研的普遍情况来看，还有许多民营企业在社会责任承担方面亟待改进。

根据调研数据，共计 225 家企业所有产品的环保性能达到甚至超过国家相关标准，占比 64.84%；少数企业产品的环保性能未能达到国家相关标准的要求，占比 4.64%。24.16% 的企业进行了节能环保技术研发或采用了节能环保新技术，而 38.66% 的企业对此忽略。有 50 家企业 2014 年为慈善事业捐款总额为 0，占比 13.55%；大部分企业为慈善事业捐款总额低于 10 万元，占比 37.13%；为慈善事业捐款总额超过 10 万元的企业占比仅达 20.87%。多数企业 2014 年对员工开展专业技能培训人次低于 10 人次，占比 26.96%；10—100 人次的企业占比 24.35%；100 人次以上的企业占比 27.25%。2014 年员工工伤为 0 的企业共计 158 家，占比高达 45.53%；员工工伤为 1—10 人的企业占比 19.3%；超过 10 人的企业占比 2.3%。84 家企业 2014 年没有进行员工救助，占比 24.35%；对 1—10 名员工进行救助的企业占比为 33.91%；对 10 名以上员工进行救助的企业占比 13.91%。同时，有 30% 左右的企业在受访时并未给出上述统计的各项信息。由此可知，辽宁省民营企业在节能环保、员工培训、员工求助等最基本的企业责任担当方面尚存不足，缺乏社会责任意识，对生产的产品质量、对员工、对社会缺乏关注。

（三）合作精神有待提升

在激烈竞争的市场环境里，企业的整合和碰撞是不可避免的，一些规模小、管理弱、实力差的企业很容易被淘汰出局，通过合作形成有实力、有规模、有成本控制能力和技术水平的企业联盟，会帮助企业渡过难关，焕发生机。合作成为企业家成功的必经之路，也是企业家参与竞争的重要手段。企业家的合作意识在企业的发展中有两个层面的表现，第一层面是企业家在企业内部形成的团队凝聚力，在做重大决策时，企业家的决策便是企业的集体行为而非个人行为。第二层面是具有合作精神的企业家在企业的发展上有合作战略的行为。1992年8月19日中国首家以私人企业为核心、多种经济成分并存的企业法人集团——大连韩伟企业集团获准成立，标志着辽宁民营企业向规模化、合作化发展的转折。然而，直到今天，辽宁许多的民营企业并未发展壮大起来，仍处在低端、规模小、分散的状态，缺少标志性品牌，缺少龙头企业，众多的小规模企业很难被带动发展起来，企业间联系合作较少。辽宁民营企业发展缺乏必要的信息网络、技术网络、资金网络、产业网络的支撑与支持。辽宁民营企业努力寻求"走出去"的方法，探索对外合作发展，其历程也极其艰辛，成效甚微。"十一五"期间，辽宁省对外直接投资企业546家，中方对外投资额28.1亿美元，是"十五"的9.75倍；境外并购项目76个，中方投资额5.77亿美元，超过改革开放以来总和。但是，与先进地区比较，差距巨大。2014年，辽宁对外经济合作新签合同192份，合同额28.1亿美元，全年共核准对外直接投资企业222家，完成营业额26.4亿美元。在我国实施"一带一路"以来，在"一带一路"沿线国家和地区，都有辽宁民营企业家积极探索的足迹，但投资合作规模、方式、机制等都有待实质性的突破。

从调研数据中解读辽宁民营企业家合作精神，35.57%的企业非常愿意以高管团队形式来讨论新产品（新模式）开发；另有24.2%及16.33%的企业比较愿意或一般愿意以高管团队形式来讨论新产品（新模式）开发。42.61%的企业非常喜欢以集体智慧来完善市场开发方案；另有21.74%及12.75%的企业比较愿意或一般愿意以集体智慧来完善市场开发方案。36.63%的企业几乎总是采取集体决策方式获取方案；另有23.84%及17.73%

的企业大多数时候或半数以上采取集体决策方式获取方案。51.63% 的企业员工拥有关于决策所需的新知识时，愿意主动让大家分享；另有 20.73% 及 6.91% 的企业员工拥有关于决策所需的新知识时，比较愿意或一般愿意主动让大家分享。59.25% 的企业员工表示如果高管团队成员提供了决策所需要的新知识，本人愿意接受；另有 15.85% 及 6.79% 的企业员工表示如果高管团队成员提供了决策所需要的新知识，本人比较愿意或一般愿意接受。54.67% 的企业员工愿意采纳高管团队成员所提供的、有价值的新观点；另有 20.89% 及 5.33% 的企业员工比较愿意或一般愿意采纳高管团队成员所提供的、有价值的新观点。52% 的企业员工对所讨论的问题拥有新观点时，愿意积极地让大家分享；另有 22.67% 及 4.44% 的企业员工对所讨论的问题拥有新观点时，比较愿意或一般愿意积极地让大家分享。同时，观察所考察的项目回答一般及同意与非常同意所占比例超出了 50%，部分考察项目超出 50% 很多。由此可知，所调查的企业在寻求合作方面有较强的意愿，且在关于企业内部合作方面的表现相对较好。

（四）敬业精神有待发扬光大

敬业精神体现了企业家的执着追求，是推动企业向前发展的动力。企业家的敬业精神即恪守职业道德，专心本职工作，爱护职业声誉。企业家应该树立敬业精神，把经营企业当作自己的长远事业，通过事业的改进、发展和成功来获得人生价值的自我实现。民营企业不能可持续发展的一个很重要的因素就是敬业主体缺乏敬业意识。本溪矿业有限责任公司董事长包紫臣一直用"让忠诚成为一种品格，让敬业成为一种常态，让奉献成为一种习惯"这句话来鞭策自己。本溪华联商厦有限公司董事长于 2004 年推出了全国商业系统首部《文化执行宪章》，提出了"厚德民生，百姓华联"的核心价值观，并把爱岗敬业的职业文化写入《文化执行宪章》，把爱岗敬业融入企业文化中。

调查发现，针对反映企业家敬业精神的"乐于向您的朋友、家人、合作伙伴介绍您的企业"的问题，202 家企业非常同意，占比 58.89%；对此观点同意或一般的企业数较为接近，占比分别为 14.87% 和 10.79%。面对"乐于全身心投入企业事务，甚至付出额外的努力促使企业成功"的问题，223 家企业非常同意，占比 64.83%，同意或一般对待此问题的企业分别为 44 家、27 家，占比分别为 12.79%、7.85%。从整体上来说受访企业同意上述两种观点。可以看到，大多辽宁省民营企业家对工作持积极态度，具有较高的敬业精神。

总之，辽宁民营企业家在创新创业精神、冒险精神、社会责任等方面都表现乏力，合作精神与敬业精神表现只略高于平均水平。辽宁制度环境存在缺陷，体现在：其一是制度体系不健全。包括民营企业的融资问题、面向市场竞争中的公平性问题等方面还存在许多难题没能破解。其二是制度执行缺位。大多数中小民营企业认为政府出台的鼓励扶持政策落实不到位。民营企业遇到政策"玻璃门"现象，许多扶持民营企业发展壮大的好的政策制度，在执行过程中，由于多种原因，使得政策未能落实，让企业感觉始终隔着一层玻璃，看得到政策落实后的"美好前景"却进不去。这些问题和现象的存在都从不同程度削弱了辽宁民营企业家的进取意识，对企业家精神的培养有着很大的负面作用。从总体上看，在辽宁产业结构转型升级、创新驱动发展的重大转折时期，民营经济对地区经济增长的内在支撑作用有限。

第六章

区域民营经济增长与企业家精神比较研究

企业家精神受企业家个人成长环境影响，受企业经营所在地环境特点影响。不同地区制度环境、市场环境、文化环境存在差异，这种差异导致企业家精神不仅具有时代共同特质，而且具有地区性企业家精神特质。改革开放以来，民营企业在浙江、江苏地区取得了长足发展，成为我国"长三角"地区经济发展重要支撑和内在活力源泉，相比江浙地区，辽宁民营企业家精神表现活力不足，民营经济发展相对滞后。

一、浙江民营经济发展与企业家精神形成

(一)早期生存型创业阶段

浙江民营企业的早期创业阶段大概是从 1978 年至 1992 年。据统计,1979 年,浙江省登记的新工商个体户达 8091 户,从业人数达 86900 人。1991 年,浙江省经工商登记注册的个体工商户和私营企业分别为 153.2 万户和 9.2 万家,从业人员分别为 155.8 万人和 16.9 万人,注册资金分别为 40 亿元和 7.3 亿元。

浙江地处我国东南沿海,人多地少,是自然资源丰度排名全国倒数第三的"资源小省",自然资源难以养活或不能使浙江人致富,逼迫许多浙江人敢于离土离乡,四海为家。[①]1978—1992 年在浙江省内外活跃的浙商超过 200 万,还有大概超过 120 万的浙江民营企业家在海外打拼,这个阶段浙商创业的首要动力在于解决温饱和生存。当时浙江省民营企业创业环境与条件都相对落后。首先,技术环境比较薄弱。浙江省民营企业生产所依赖的技术,一方面来自当时民营企业业主或创始人的手工创造以及部分国有企业工人带来的技术,另一方面来自国外大型厂商的跨国投资。其次,融资环境很不利。依据有关学者估算,1978—1992 年浙江省民营企业通过银行贷款,可获取 5% 生产经营资金,另外 95% 则需要通过基于家庭积蓄的民间借贷。

改革开放初期,浙江十分不利的创业条件与环境,倒逼浙江民营企业主只能依靠发奋图强、艰苦创业的精神力量。企业家精神驱动民营企业发展,奠定了浙江后来经济社会发展强大内在活力的重要基础。浙江民营企业家早期创业历程锻造、形成了支撑

---

① 杨宏建:《浙商是怎样炼成的》,北京工业大学出版社2006年版,第7页。

其艰苦创业历程的"四千精神"，即"千言万语、千山万水、千方百计、千辛万苦"。"四千精神"也是对浙江民营企业早期生存型创业的真实写照。

（二）快速扩张型成长阶段

浙江民营企业的快速成长阶段大概是从 1993 年至 2007 年。据统计，浙江省民营经济总量占全省 GDP 从 1992 年的 25%，增长到 2007 年的 60.5%，成为浙江经济增长的主力军，经济增长的贡献率稳步提升，从 1992 年的 13.7% 增长到 2007 年的 60%。依照国家统计局统计结果，截至 2007 年底，浙江民营经济总量达到 11552 亿元，中小民营企业占据了浙江省民营企业总数的比例是 99.8%，占据了民营经济总产值的 60% 的比例，吸引了近 80% 的新增就业，是浙江民营企业创业的主体。

此阶段，对于广大中小民营企业而言，融资环境确实不容乐观。2007 年，浙江省经信委做了一项追踪调查的数据显示，在创业过程中遇到的众多问题中，融资困难排在首位，详情见表 6.1。但是，浙江中小民营企业在民间融资方面颇有创新。在浙江，民间贷款异常活跃，民间融资几乎与银行融资旗鼓相当，在储蓄存款利率不断下调和征收利息税的情况下，使民间资金愿意流向利息更高的企业。与此同时，与浙江强劲的民营经济实力相比较而言，浙商的人才条件与其在全国的经济地位并不相称。浙江人口的平均受教育水平和各类专业技术人员的比例以及其他反映人口素质的指标都处在全国的中下游水平。浙江大学人口与发展研究所叶明德和孙胜梅两位学者，根据"四普""五普"数据及专家测算得出，浙江省的人口当时平均受教育年限在全国排 22 位，浙江省专业技术人员密度排序在全国第 17 位。另外，浙江的中小或小微企业，因为人才存量的制约以及公司治理体系的不完善，无论形式还是实际均是典型的个人决策。因此，浙江民营企业绝大多数由家族或单一自然人控制，董事长总经理一体，控股权、决策权及执行权三权合一，具有强烈的个人化特征。

表6.1　民营企业创业所遇到的问题

创业所遇到的主要问题	百分率 %
资金短缺	49.0
产品缺乏竞争力	39.5
市场壁垒高企	27.5
缺乏管理能力	25.8
市场信息不灵	14.4
设备落后	10.1
其他	6.9

（资料来源：浙江省经信委2007年调查报告）

（三）应对金融危机转型阶段（2008年至今）

2008年起，浙江民营企业为了应对金融危机，开始进入了转型发展阶段。2008年浙江共有2.2万家民营企业注销，死亡数为6年来最高。除了受国际市场需求下滑这个最大的影响外，浙江民营企业还面临着一些前所未有的困难，其中最大的困难就是资金链断裂、融资困难，直接导致了台州、温州民营企业的倒闭潮和民营企业家的"跑路潮"。即便如此，据统计，2008—2014年，浙江民营经济占全省GDP的比重，仍是全国最高的，对GDP的增长的贡献率稳步提升，从32%逐年增长到55%，占据浙江省经济增长的半壁江山。2008年底，浙江省的个体私营企业为45万户，个体工商户总数近153万户。截至2019年末，纳入全国小微企业名录库的浙江省在册小微企业数量达到222.4万家，占在册企业的87.7%，在册民营企业数量达233.4万家。2019年中国民营企业500强榜单中，浙江省有92家民营企业入围，其中有21家企业营收超500亿，有9家企业营收超千亿。

在金融危机冲击下，浙江民营企业探索新的发展路径与模式，转变观念，从重视资源、要素、出口等，转向重视技术、人才、管理，努力实现转型升级和创新发展。为了应对金融危机的影响，浙江省在制度环境方面做出了积极努力，取得了显著效果。基于"创业富民、创新强省"的发展思路，出台了一系列的政策文件，比如《关于贯彻落实支持浙商创业创新促进浙江发展税收配套政策实施意见》《关于支持浙商创业创新促进浙江发展的若干意见》《关于贯彻省委推进创业富民创新强省决定的实施意见》《浙江省省级科技企业孵化器认定和管理办法》《浙江省人民政府关于加快科技企业孵化器建设与发展的若干意见》《浙江省产业集聚区发展总体规划》等，为民营企业的发展提供了制度保障。

2008 年以来，浙江民营企业家形成一个显著特点就是，创业步伐更加稳健，创业形式更加丰富，创业的内容更加规范化，责任精神更加突出。浙江民营企业形成了"新四千精神"，即千方百计提升品牌，千方百计保持市场，千方百计自主创新，千方百计改善管理。"新四千精神"，是转型升级、可持续发展的新"引擎"，也为正在危机中"爬坡"的浙江企业提供了新"坐标"。从"四千精神"，到"新四千精神"，昭示了企业家精神在浙江民营企业发展历程中的积极能动作用，揭示了企业家精神力量转化为经济发展物质力量，是推动浙江经济和社会可持续发展的重要内在驱动力。

二、江苏民营经济发展与企业家精神形成

（一）乡镇企业创业发展阶段

此阶段，江苏乡镇企业的经营管理者多是苏南当地的农民，他们在江苏省委的支持下真正做到解放思想，实事求是。乡镇企业的最初发端就是思想解放、敢于冲破种种束缚的产物，此后每

前进一步都伴随着思想解放的过程，思想解放又反过来进一步推动乡镇企业向前发展。从这个意义上来说，是思想大解放带来了乡镇企业的大发展。江苏乡镇企业的经营管理特点是善抓机遇和有序发展。70 年代的"早"，80 年代的"多"，90 年代的"大"，都是江苏乡镇企业善于抓机遇的结果，在全省经济发展的几次重大机遇中，乡镇企业都唱了主角。乡镇企业在发展中，不可避免地会受到全国经济大局的影响和制约，市场需求又是千变万化，江苏乡镇企业无论发展或者调整，都注意与国家的产业政策相衔接，注意市场调查分析论证，注意企业自身特点，根据自身的综合实力，掌握适度的规模与速度，保证乡镇企业稳步健康发展。特别难能可贵的是多年来广大乡镇企业干部职工已经形成了在逆境中寻找机遇、在顺境中大发展的锐意进取精神。

（二）民营企业快速成长阶段

从 1993 年至 2007 年，伴随持续、深化的思想解放，江苏省民营企业进入了快速成长阶段。到 2007 年底时，民营经济对全省经济增长的贡献率达到了 46.5%；民营工业对江苏工业利润增长的贡献率达 66.3%；对全省 GDP 增长的贡献率为 27.9%，拉动全省 GDP 增长 3.3 个百分点；江苏私营企业数量已经连续 8 年位居全国第一，个体工商户总数位居全国前列。江苏民营企业凭借稳定的发展环境、良好的区位优势、敏锐开拓的市场意识，在全国民营经济发展中占得先机，民营企业自身竞争实力实现质的飞跃。2008 年度江苏省上规模民营企业中，经省级以上科技管理部门认定的高新技术企业有 355 家，占上规模民营企业数的 41.33%；高新技术企业营业收入总额占上规模民营企业营业收入总额的 50.53%，资产占比 54.65%，利润占比 60.70%。2008 年"全国民营企业 500 强"中，江苏有 111 家企业进入，占 22.2%，而且在三强中，江苏就占了两席，在排名前 100 位的企业中，江苏拥有 36 家，位居全国第一。民营经济的发展，对江苏省区域经济社会发展发挥了显著拉动作用。

这一阶段，首先，在经营环境方面，江苏省委省政府以每年平均 5 篇红头文件向全省各党政机关发布改善经营环境的决策；省直机关则以每年 6 篇重要文件的速度向下级机关做出改善民营企业经营环境的决策。其次，江苏民营企业发展文化环境与人才环境大幅度改善。2008 年底，江苏省民营企业吸收新增就业人口 128 万人，相当于当年全国高校毕业生人数的 1/5，解决了江苏省本省八成的高校毕业生即 30 万人就业。此阶段，江苏省整体社会文化环境发生根本性转变，强调"人才观、能力观"，特别是民营企业业主的"海归派"引发的自由效应开始显现。同时，江苏省民营企业优厚的薪酬待遇，确保民营企业能实现"人才招得来，留得住"。最后，这一阶段江苏省的社会舆论环境得到明显改善。

（三）创新型转型创业阶段

2008 年的国际金融危机被认为是对中国改革开放 30 年来，经济过度依赖投资和出口的畸形发展模式的一次清算，给中国民营企业尤其是中小民营企业带来破产式打击。在金融危机不利影响下，江苏省利用自身科技资源优势，同时扩大国际合作与交流，民营企业加大研发投入力度，转型升级发展高科技企业，政府部门出台了一系列鼓励民营企业发展高科技企业、创新发展模式的政策措施，化经济危机为企业转型契机。2008—2015 年，江苏省委省政府与省直机关部门，共制定了促进中小企业发展税收优惠政策 25 项，其中涉及积极扶持创办中小企业、积极支持中小企业筹资融资、积极鼓励中小企业技术创新等内容。尤其是，2008 年时，国家财政部将内外资所得税的税率统一调整为 33% 时，江苏跟进发文支持国家的决定并予以了坚决的执行。不仅如此，江苏省委省政府下大力气，整治各类对针对民营企业发展设置的障碍和门槛。进而在此基础上，相继出现了多种值得肯定和学习的模式。另外，近年来，江苏省出台了《江苏省高新技术创业服务中心管理办法》《江苏省科技成果转化风险补偿专项资金暂行管理办法》《省政府关于鼓励和促进科技创新创业若干政策的通知》等政策来推动创新与创业，促进产学研结合和科技成果转化、鼓励引进消化吸收再创新、支持创新创业载体与平台建设。高起点规划、高标准建设及严格的园区准入政策等要求，提高了创业园与孵化器的质量。

2008年以来，江苏省民营经济发展又取得创新发展的阶段性成果，在全国范围内率先跨越了"中等收入陷阱"，2014年底的人均GDP顺利超过1万美元大关，经济总量的贡献率从2008年的47%提高到56.8%。近十年来，江苏省民营企业的从业人员从650.2万增加到2615万人。民营经济的税收贡献率以10%的速度增长，超过其他所有制企业增幅0.5个百分点，特别是2010年以来民营高科技企业成功实现从企业研发投入中得到减免税收的优惠，对全省的科技进步贡献率达到77%，拥有全省近90%的科技专利，尤其在节能减排改善雾霾天气上的贡献显著，民营经济的清洁生产率达到83.5%。民营企业在推动国民经济上发挥了巨大的作用，同时，不断提升地区品牌效应的生成。此阶段，正值发达国家对中国实施更为严厉的非关税壁垒的时期，对品牌认证要求更为严格。江苏省民营企业通过联合攻关，工业园区产业链集群化发展，有效推导区域品牌的形成。实际上，经过40多年的发展，江苏省民营企业进入一个转型升级的大潮阶段。

从社队企业到乡镇企业，从乡镇企业到民营企业；从传统制造产品，到高科技技术产品，从连锁经营模式，到互联网平台，江苏民营企业一路走来，形成了作风低调、务实沉稳的经营风格，以至民间对江苏民营企业家有"东方的犹太人"之称。江苏民营企业家文化水平大多较高，注重个人修养、讲究仁和谦让、诚实守信、不断学习，同时，也十分重视人才和管理，即使拥有巨额财富，也依旧平实俭朴，热衷慈善，重视地方教育，极力回馈社会，造福百姓。江苏的辉煌离不开民营企业家的拼搏，国家的发展离不开民营企业家的努力，一代代民营企业家创造的不仅仅是物质财富，更重要的是在实业搏击中形成的企业家精神，打造的"苏商"品牌。这笔可贵的精神财富正成为推动江苏甚至全国经济社会发展的一股重要力量。

三、辽宁民营经济发展与企业家精神形成

（一）民营企业的起步发展阶段

1979 年至 1983 年，这一阶段是辽宁省民营经济拾遗补阙的自发性发展阶段。中国共产党第十一届三中全会确立了以公有制为主体，其他所有制经济为补充的经济体制。在适当发展非公有制经济的指导方针下，个体私营经济得到恢复和发展。辽宁同全国一样开始恢复和发展个体工商业，在城镇一些待业青年和无业者开始开办个体饮服业，继而出现了农民进城经商；在农村则出现了一批离开土地从事工商业的专业户。辽宁民营经济在生活资料流通和生活服务领域自发地拾遗补阙。随着城乡集贸市场的恢复和开放，允许个人贩运和经营肉、蛋、水果、水产品等，个体工商业、服务业、修理业等在辽宁城乡各地陆续开始出现。

据统计资料显示，1979 年以前辽宁城乡个体工商户还不到200 人；到 1980 年底，辽宁个体工商户恢复发展到 8 万户，8.4万人从业；到 1983 年末，恢复发展到 22.8 万户、28.9 万人，较1980 年分别增长了 1.9 倍和 2.4 倍。但受国家政策限制和起步时

期发展条件限制，这一时期的民营经济局限于以商业、服务业、修理业为主的领域，主要经营国有、集体企业不愿经营或经营不过来，而人民生活又很需要的细小行业或品种。但正是由于市场空缺明显，真正起到"拾遗补阙"的作用。

1979 年，辽宁省批准注册了第一批个体工商户，开始恢复发展个体工商业。但在这一时期，作为国家的老工业基地，辽宁省的国有企业数量较多，规模较大，而且是国家和地区的重要税收和租金来源，辽宁的经济工作仍然是以国有大中型企业为重点，民营经济基本是在夹缝中生存和发展，民营经济的发展仅局限于经营国有企业、集体企业不愿经营或经营不过来，又很需要的细小行业或品种，所以一时间，小卖店、小作坊点缀以大工业、国有企业聚集为特征的辽宁各地，地摊式、作坊式的民营经济在辽宁遍地开花。他们有的依托学校或街道，有的就是个体经营，基本上是一户一人，经营规模极小，但个体工商户数量却在较短时间内成倍增长。此时个体私营业主的素质较低，但由于市场机会较多，只要从事个体生产和经营，普遍取得了较好的收益，一些善于经营的个体劳动者更是迅速积累了较多的资金，成为他们积累财富、发展事业的良好起点。这一阶段的典型代表是辽沈地区盛极一时的"五爱服装市场"。"万元户"这一特定历史时期的称谓标志着一部分人先富了起来，但是他们基本上集中在商品流通领域。

（二）民营经济初步发展阶段

1984 年至 1991 年，这一阶段辽宁民营经济主要是以租赁、承包、灵活的分配机制参与国有资产经营的快速发展期。1984年十二届三中全会通过了《关于推进经济体制改革的决定》，为辽宁民营经济发展提供契机。但个体私营经济在制造业领域的企业，无论是在工业用地、工业设备、工业原材料的购买还是劳动力雇用方面，都存在颇多的限制，使得民营企业在扩大生产规模过程中，交易成本非常之高。1988年，宪法修正案正式规定了私营企业在中国的法律合法地位，这是我国私营经济政策一个具有划时代意义的转变。辽宁的民营经济才真正迎来了发展的第一次历史机缘。

1984年中共中央决定将"社队企业"更名为"乡镇企业"，新的名称涵盖了原来的社队企业和新兴的联户企业及个体企业，到1984年底辽宁省社队企业达30.48万个，比1978年净增27.38万个；从业人员达219.74万人，比1978净增129.79万人；总收入89.52亿元，是1978年的4倍，年递增26.5%。1985—1990年，辽宁乡镇企业进入了全面发展的历史时期。1990年全省乡镇企业发展水平与1984年相比进步巨大。企业个数由30.48万个增加到54.28万个，年递增10.1%；职工人数由219.74万人增加到305.09万人，年递增5.6%；总产值由87.59亿元增加到457.65亿元，年递增31.7%；工业产值由58.87亿元增加到291.67亿元，年递增30.6%。1984年以前，辽宁省乡镇企业基本上没有产品出口。1985年外向型经济开始起步，当年全省乡镇企业出口交货值1.9亿元，产品主要体现在土畜产品、工艺产品、矿产品等初级产品方面。1989年初辽宁省政府批准钢都乡等30个乡镇进一步对外开放，把乡镇企业推向国际市场，参与国际竞争。此后，外向型经济出现快速发展的局面。到1990年底全省乡镇企业出口交货值达到21.9亿元，年递增63.0%，净增加20亿元。出口产品范围也扩大到化工、机械、矿产、轻工、食品、土产、畜产、纺织、丝织、服装、工艺品和其他等12个门类，出口企业达到118个。1984年以前乡镇企业非公有制经济虽然也获得了一定的发展，但作为公有制经济必要补充的这一社会地位，在很大程度上对其形成制约。1984年底，辽宁省乡镇企业非公有经济比重仅为 19%。随着农村经济改革的不断深入，大批从土地中解脱出来的农村劳动力为农村非公有制经济的进一步发展创造了机遇和条件。对此，各级政府和主管部门不失时机地加以引导和支持，使全省乡镇企业非公有制经济获得了长足的发展，到 1990 年底，辽宁省乡镇企业经济总量中，非公有制经济已占 39.5%，从业人员占 41.1%，成为经济发展中又一新的经济增长点。

在乡镇企业发展过程中，工业经济始终占据着主导地位。1985 年以后，乡镇工业的飞速发展极大地促进了乡镇企业的全面发展。乡镇工业巨大发展的标志就是一个比较完整的工业生产体系基本形成。1984 年末，全省乡镇工业只有 10 余个工业门类，且多分布于矿业、建材、粮食加工、纺织缝纫等初级产品生产加工和劳动密集型产业之中。1985 年以后，原有乡镇工业的格局发生了根本性变化，大批乡镇企业打破传统观念，从单纯农村经济框架中跳了出来，利用辽宁大中城市多，大中型工业企业多、大专院校与科研院所多的有利条件，积极开展城乡结合，通过与城市工业企业的协作与合作，迅速向一切可以发展的领域进军。到 1990 年末，全省乡镇工业已覆盖了当时 40 个工业行业中的 39 个行业，一个完整的乡镇工业生产体系基本形成，为乡镇企业的进一步发展提供了极为广阔的空间。

1984 年 4 月，姜维领到了全国首家民营企业执照，成立了全国第一家民营企业。1984 年 11 月 9 日，国务院批准了姜维的私营公司和外商试办合资企业。1985 年 4 月 13 日，国家工商总局局长正式向大连市工商局发布命令，授权他们向姜维颁发了民营企业执照，大连中国光彩实业（合资）有限公司诞生。这是自 1957 年中国向世界宣布"经过社会主义改造取消了民营企业，走上公私合营道路"后的第一家民营企业。1989 年 1 月 11 日辽宁省政府印发《辽宁省一九八九年深化经济体制改革实施方案》，明确 1989 年经济体制改革重点是完善和深化企业改革，提出要巩固、完善和发展承包和租赁经营责任制，全面深化企业内部配套改革；继续探索企业兼并、企业破产、企业拍卖的路子；积极稳妥地试行股份制；大力发展企业集团。这个阶段，辽宁的民营企业户数居全国第一位，并出现了一些特色专业化个体民营经济，如沈阳五爱市场小商品批发、海城西柳市场服装批发、辽宁佟二堡皮装加工经济、丹东近郊的"甜瓜村""草莓村"等专业化农村个体经济。尽管在 1989 年后经历了三年的治理整顿，辽宁个体民营经济出现了下滑，但到 1991 年又开始回升。1991 年末，辽宁的个体工商户和民营企业发展到 58.6 万户，从业人员 97.6 万人，投资总额达 28.5 亿元，比 1983 年增长 19.4 倍。这一时期，辽宁的民营企业发展起点比较高，平均规模相对较大。

（三）民营企业快速发展阶段

1992 年至 1998 年，这一时期是辽宁省民营经济以资本经营的手段参与国有企业产权制度改革、迅速扩充资本和经营领域的发展机遇期。20 世纪 90 年代是我国高举邓小平理论伟大旗帜，全面推进和深化经济体制改革的重要历史时期。1992 年，党的十四大第一次确定我国社会主义市场经济体制的改革目标，明确市场在资源配置中起基础性作用，明确提出非公有制经济要与公有制经济"共同发展"。在 1992 年邓小平南方谈话和党的十四大后，1997 年党的十五大将非公有制明确为我国社会主义市场经济的重要组成部分，极大地促进了非公有制经济的发展，辽宁个体私营经济进入一个新的发展阶段。1998 年 3 月，辽宁省委、省政府出台了《关于加快发展非公有制经济的决定》，从政治地位、发展规划、法规、权益等多方面做出规定，进一步为发展民营经济创造了条件。这一阶段是辽宁省民营经济发生转折，实现突破性发展的时期。在民营经济的发展壮大过程中，民营经济在效率上的优势会对国有企业产生压力，促使国有企业进行公司化改造，并使政府通过强制性的制度变迁对国有企业的产权结构进行变革，所以随着辽宁省国有企业战略性改组的纵深推进，国有中小企业陆续通过转制，进入到民营经济的行列，转制企业的加盟，对壮大辽宁省非公有制经济的规模和实力具有重要意义。非公有制经济以其清晰的产权结构、灵活的经营机制，参与到国企改革中，促进了国有企业体制机制的转变，并在税收、就业、产业结构调整方面为国有企业减员增效、实现公司化改造创造了必要的前提条件。同时国有经济在技术、资金、人力资本方面的"溢出效应"为民营经济发展提供了良好的外部环境。国有、民营经济的互补互助，推动了辽宁省民营经济的发展。

乡镇企业的发展改变了辽宁省农村劳动力就业结构和经济结构，全省乡镇企业共吸纳农村剩余劳动力 350 多万人，1992 年乡镇企业劳动力已占农村劳动力总数的 39.5%，高于全国平均水平 19.5 个百分点。1998 年末，辽宁省乡镇企业总产值 5762 亿元，年递增 37.3%（与 1990 年比，下同）；工业产值 3773 亿元，年递增 34.8%；出口交货值 270.4 亿元，年递增 36.9%；营业收入 5237.2 亿元，年递增 37.3%；利润总额 394.6 亿元，年递增 32.5%；乡镇企业增加值 1375 亿元，占全省 GDP 的比重超过三分之一：实缴税金 51.38 亿元，全省县乡财政收入的 80% 以上来自乡镇企业。这一时期个体私营经济进入前所未有的发展阶段，到 1998 年末，辽宁省个体私营户发展到 140 万户，比 1991 年增长 238%；从业人员 500 万人，占全省城乡劳动力总人数的 25%；实现国内生产总值 825.5 亿元，相当于全省国内生产总值的 20%。

1992 年邓小平的南方谈话鼓舞了一批机关干部和知识分子

纷纷下海，掀起了辽宁办民营企业的第一个高潮，干部、专业技术人员、职工占到了开业业主的多数，民营高科技企业在这一时间开始涌现。1992年8月19日中国第一家以私人企业为核心、多种经济成分并存的企业法人集团——大连韩伟企业集团获准成立，标志着民营企业开始向规模化、科技型方向发展。1993年，经国务院批准设立沈阳经济技术开发区，辽宁共有沈阳、大连、营口、鞍山四个国家级开发区和本溪、抚顺两个省级高新开发区，开发区内80%的企业是民营企业，主要发展电子信息、光电一体化、生物制药、环保和新型汽车等高新技术产业。1993年全省有七大市场进入全国百强集贸市场行列。1995年国家科委和国家统计局联合评选民营科技企业技工贸总收入的100强，按总收入排序，辽宁入选6家。1998年3月20日辽宁省政府下发《关于加快发展非公有制经济的决定》，为民营经济发展创造了条件，到1999年底，县区列入应改制企业7568户，改制面达96.1%，其中，涉及产权制度改革的5455户，占已改制企业的75%。市属中小企业实现多种形式的改制面已占80.19%。营口的盼盼集团、青花集团、本溪的工源水泥集团等都是在转制后发展壮大的。20世纪90年代的经济环境和体制环境确实为民营企业发展留出了足够的空间。这一时期，辽宁国有经济效率低、处境困难，客观上对民营经济竞争和挤压比较小，使得民营资本有机会通过参与国企改制发展壮大，成就了辽宁民营经济发展第二次机遇期。

（四）民营企业稳步发展阶段

从1999年开始，辽宁民营经济开始走上了规模化稳步发展阶段。经历了亚洲金融危机的中国经济出现了经济滑坡，制造业利润大幅下降，从事实体经济的民营经济的活力大幅下降。2002年3月，辽宁省委、省政府联合下发了《关于加快发展民营经济的决定》，提出在"十五"期间，要确保民营经济的增长速度明显高于国民经济发展水平的目标以及一系列具体的政策支持。2003年中央提出振兴东北老工业基地的战略措施，为辽宁省民营企业改革与发展提供了有利的环境，这一时期辽宁省的民营经济开始进入稳步发展期。一直以来，辽宁的民营企业主要从事低技术含量的行业，如低端制造业、传统服务业，在这一时期，民营企业进入了旅游业、农产品加工、服务业等产业以及物流、电子信息、生物制药等新兴产业，涉足的领域越来越广。截至2018年6月，辽宁省民营企业达到332万户，过去十年数量增长一倍。在智能制造与高端装备、信息与软件服务等高科技领域都有极大的发展。涉足高科技领域的民营企业不断发展，截至2017年底，辽宁高新技术企业总数达到2580家，许多企业拥有独立的自主知识产权，一些骨干企业拥有科研中心。

辽宁民营企业逐渐从无到有、艰难发展，但存在整体素质不高、核心竞争能力不强、管理粗放、生产原材料和初级产品比重较大、产品科技含量低、科技创新能力不强等问题。2013年以来，辽宁经济总体增长乏力，辽宁GDP增速在全国甚至一度垫底，滑出经济合理区间。一时间，"投资不过山海关"等负面声音甚嚣尘上，"新中国长子"遭到了前所未有的质疑。2015中国民营企业500强榜单，辽宁省只有6家公司上榜，占1%。民营企业成为新一轮东北振兴的关注点。从2013年底到现在，辽宁省密集出台了关于促进民营企业发展的一系列政策措施，如2014年1月1日起，辽宁在全国率先主动推行工商登记制度改革，以"零门槛、零首付、零审查、零收费"为特征的辽宁工商登记新政。陆续出台了《关于工商登记制度改革的若干意见（试行）》《关于实行"三证合一"登记制度的实施意见（试行）》《关于加快民营经济发展的若干意见》《全省金融机构支持民营企业发

展奖 励办法》和《辽宁省"个转企、小升规、规升巨"培育行动实施方案》等文件，旨在调动大众创业、万众创新的积极性，以促进辽宁新一轮的经济振兴。

改革开放以来，辽宁省经济发展的最大变化之一就是民营经济从无到有、从弱到强，成为全省国民经济和社会发展的重要组成部分，并在提供就业、增加税收、拉动内需、维护社会稳定等方面发挥着越来越重要的作用。但是当前辽宁省的民营经济发展与国内先进省份相比严重滞后，发展缓慢。回顾辽宁改革开放以来民营经济的发展历程，不难发现，在改革开放之初，辽宁民营企业家的创新创业精神、冒险精神表现十分突出，在这一时期涌现出许多个全国"第一"，开创了辽宁民营经济的辉煌起点。可是，在之后的发展历程中，辽宁民营企业家创新创业精神、冒险精神逐渐受损，辽宁民营经济发展潜力与活力始终未能得到充分释放，民营企业家精神的正向积极作用亟待培育、引导与开发。

四、辽宁与江浙民营企业家精神比较分析

（一）江浙民营企业家精神发展概况

1. 发端于穷困灰暗地带

江苏民营企业家成长历程，经历了身份尴尬、身份明确、身份肯定的系列转变过程。1978—1992 年，江苏民营企业家的身份是尴尬的、处于灰暗地带的，是被非议的。1993 年以后，江苏民营企业家作为善于抓住机遇、敢于创新、扎实肯干的一批商人，创造了一个又一个的第一，稳步提升自身的社会经济地位，改善了社会群体对他们的看法。他们当中有的使原有濒临破产企业起死回生；有的将不起眼的小企业做出业绩突飞猛进，快速增长的行业；有的建立起国际国内的行业标准，开创了一个时代；

有的披荆斩棘实现从无到有的新格局；等等。身份明确后的江苏民营企业家，得到一个公正评价，其成长历程更像是一个"淘金者、创业者"。

浙江民营企业家成长的发端有着与江苏民营企业家相同之处，都是为了解决温饱、嫁娶等基本生活问题，但随着企业进一步发展，演化出与江苏民营企业家大不相同的成长历程，简单地说，"浙江民营企业家书读得少一些，思想也要简单一点"。浙江省工商联和个私协会专项研究结果——《典型促转型：逆势上扬的 60 个浙商样本》显示，在 60 位浙江民营企业家中，有 40 位的文化程度是高中以下，部分只有小学文化。浙江民营企业家的成长故事，被传诵成"传奇故事"，而不是"励志故事"。在浙江民营企业家的传奇故事中，透露出浙江民营企业家更具冒险精神、与政府博弈占得先机、家族力量发挥重要作用的显著特点。

2. 成长环境迥异

民营企业家是一个特殊群体，他们的成长环境与普通民众一样，具有二元性，即一方面受国家改革开放的大趋势、大环境影响，另一方面受地方风土人情、文化、习俗、市场、政策等具体特色环境影响。

江苏民营企业家的硬件环境在全国范围内比较优越。江苏全省总面积 10.26 万平方公里，常住人口 7929 万，密度居全国各省之首。江苏地处长江三角洲，横跨沿江、沿海、沿欧亚大陆桥三大经济带，海岸线近千公里，长江横穿东西，京杭大运河纵贯南北。其自然环境秀美，全省以平原为主，"一山二水七分田"，江河湖海汇于一地。截至 2016 年，江苏区域创新能力已连续 8 年居全国第一。2018 年江苏省的 GDP 总量为 92595 亿元，仅次于广东省，位于我国所有省区第二位。民营经济活跃，占 GDP 比重多年超过 50%。软环境方面，江苏自古以来，就是华夏民族的鱼米之乡。江苏人文底蕴深厚，历来人文荟萃、人才辈出，明清两代全国 212 名文状元中，江苏就有 66 名；全国 1470 名两院院士中，江苏籍的有 260 名，在江苏工作生活的有 92 名。

浙江民营企业家成长的硬件环境也比较有优势。浙江地处中国东南沿海长江三角洲南翼。境内最大的河流钱塘江。浙江土地面积 10.55 万平方公里，为全国的 1.1%。浙江山地和丘陵占 70.4%，平原和盆地占 23.2%，河流和湖泊占 6.4%，耕地面积仅 208.17 万公顷，故有"七山一水二分田"之说。地势由西南向东北倾斜，大致可分为浙北平原、浙西丘陵、浙东丘陵、中部金衢盆地、浙南山地、东南沿海平原及滨海岛屿等六个地形区。2019 年末，全省常住人口 5850 万人，人口密度位居全国第二。

3. 民营企业家精神各具特质

江浙民营企业家精神具有创新创业、甘冒风险、敬业执着、责任担当、诚实守信的共同特质，同时又受各自环境、条件影响而有所不同。

江苏民营企业家精神具有浓重的"儒商"色彩，政治地位提升愿望强烈。回顾 40 余年的发展历程，一部分江苏民营企业家是后来个体私企业主发展而来，另外一部分是江苏乡镇企业的厂长或总经理由于企业改制身份转换形成的。江苏民营企业家惯以"儒商"自称。他们也许对儒商的特质能做到熟练于心，但是普通民众的评价却鲜有与之吻合的，因为江苏省民众深厚儒家文化底蕴中"儒"与"商"不具有调和性。江苏民营企业家精神的"儒商"色彩，表现为其经营行为遵从、紧跟政府步调，与政府较好地沟通协调，这可以说是其自认为的"儒商"特质的延伸。江苏历史上的商人，均有强烈的政治地位的上升的愿望，盐商、丝绸商就是其中非常典型的一类。近年来，江苏省委省人大加快了江苏民营企业家政治激励的推进步伐，就是这种"政商梦"最好的注脚。

浙江民营企业家精神有着显著的艰苦创业特质。浙江民营企业家普遍的书本知识偏少。浙江大批民营企业家认为，在中国现实经济生活中，即便是低技术的中国产品也有着不可限量的市场。以至于有人质疑，浙江民营企业多年来的创业实践，未能推动技术进步真正实现。近年来，浙江的民营企业受到用工成本压力，开始推动政府开启生产效率提升计划，浙江民营企业转型升级、创新发展迫在眉睫。

4. 江浙民营企业家精神结构

江浙企业家具有强烈的企业家精神和企业家的人格魅力，在性格特征上存在一定的共性，善于抓住市场机会、勇于创新、坚守诚信、吃苦耐劳、相互合作和敢冒风险是江浙民营企业家性格特征的共同点，他们普遍具有较强的学习能力、市场开拓能力、决策能力和社会责任感。

（1）强烈执着的创新创业精神

江浙民营企业家强烈的创新偏好是其创新创业的精神动力。他们强烈的成功欲望，执着、敢冒风险等人格特征，与创新的高投入、高风险特征所需要的不畏艰辛、不怕失败、追求卓越的精神高度一致。因此，企业家追求自我价值实现的人格特征也就成了自主创新的内源性动力。江浙民营企业家创业的初始动机可能仅仅是为解决温饱、满足生存的需要，现在江浙民营企业家生存、安全等低层次的需求已经满足，但企业家自我实现的需求永无止境，也是这种动力激励他们不断打破市场平衡进行创新。因为他们明白企业家的生命力在于不断地创新，企业是否持续发展，他们自身价值是否能实现，关键在于能否不断创新。

江浙民营企业利润最大化的追求是江浙民营企业家创新创业的现实动力。江浙民营企业家在大部分企业中既是所有者又是经营者，拥有大部分的剩余索取权，企业利润最大化最大的受益者就是他们及其家族，两者目标是一致的。在这种产权制度下从企业内部来说，企业家创新动力应该是最大的。在发展之初，江浙民营企业家们通过"模仿"快速获得高额利润，投入的资本很快得到回报。但随着经济环境和江浙民营企业发展阶段的变化，"模仿"已不能再为江浙民营企业创造高利润的情势下，江浙企业家追求利润的目标就会转化为创新的动力。所以，在外部动力的推动下，江浙企业家就可能打破惯性，启动创新系统。

（2）"干中学"的学习进取精神

江浙民营企业家的生成是有机结合先天禀赋和后天培养的结果，江浙民营企业家能力完全可以通过企业家学习而得以增强。江浙民营企业家已具备敢于冒险、大胆决策的先天禀赋，只要加强管理、经济和资本运作等知识的学习，完全可以由战术型企业家向战略型企业家转变。从江浙民营企业家的发展历史去看，浙江民营企业家已到了实现新飞跃的前沿。江浙民营企业家要突围，就必须学会用战略眼光审视复杂的产品市场、资本市场，学会用互联网工具管理企业，也就是要通过学习实现自我超越，民营企业的创新也是企业家自我提升的过程。正如彼得·圣洁的五项修炼原则所说的，先是自我超越，然后改善心智模式、建立共同愿景、团体学习，最后彻底治好"近视眼"和"跳跃式"的思维方式，通过提高自身的感召力和经营思想辐射力，推动企业的自主创新。

不仅如此，江浙的隐性学习精神还体现在不可用教育程度来衡量的知识获取过程和深度。企业家能力和知识属性具有特殊性。知识可以分为诀窍和信息两种类型，诀窍是指无法编码传播的信息，它是一种实践技能或专用知识的积累；信息则是在传播过程中完整性不受损的知识。诀窍类知识与企业家禀赋的兼容性较强，而浙江民营企业家的诀窍类知识水平较高。受教育程度较低的浙江民营企业家，隐性知识的积累较多，在其知识总量中占比较高。

所以其知识筹集成本低而决策效率高，商机识别和转化迅速。特别是创业初期阶段，存量资源有限，小数据直感决策成本低效率高，更具比较优势。

（3）具有家国情怀的责任担当精神

在江苏，很多民营企业家有过"留洋"的经历，他们出国之后认真了解国外的生产发展情况，熟悉国外的风土人情，观察企业运营模式，深刻了解到国外社会生活的诸多方面。他们在国外考察学习期间有着优异的表现，引起国外的资本家和银行家的关注，希望以高薪诱之挽留住他们。他们没有被高薪和优厚的条件所吸引，心中依然挂念国家、民族、企业、人民，毅然决然地选择回国。这种将信仰融入工作生活的做法，在江苏民营企业家的成长中，已然成为一种普遍现象。

浙江民营企业家精神的文化资源是"提倡功利、重商、富民"的文化传统。它反对"重义轻利""重农轻商"的儒家观点，主张经世致用，提出"义利并重"，强调"工商皆本"。在浙江，民营企业家一直注重商业价值和社会价值相协调，立志带动家乡和国家民族进步的家国情怀和利他精神是"一以贯之"的。浙江民营企业家的成长历程相对于利用企业转制方式快速发展的江苏民营企业家的活动而言，更为艰辛不比寻常；他们个个都有着曲折回肠的故事，令人不能忘记。浙江民营企业家大都具有诚信、正直、包容等价值观念，能够遵守基本的社会道德和伦理规范。

总之，江苏多管理型的企业家、政治型的企业家，而浙江多战略型的企业家和技术型的企业家。江苏的情况是过分注重等级制度和现有秩序，以制度为本，较容易形成企业传统，日积月累，循序渐进，渐渐显示出制度之美，但却缺乏管理创新；而浙江人较少受到传统制度的约束，善于不断超越自我，进行管理创新、思维创新，更有利于直接与现代企业制度和现代市场经济接轨。

如最早出现的民间自治的小商品市场，民办金融机构，个人承包飞机航线，集资入股修建铁路，城市建设市场化，等等，这就是周其仁教授所谓"制度企业家"；而江苏更多的是"管理企业家"，或者说"职业经理人"，显然前者更接近企业家的本质。

（二）辽宁民营企业家精神发展概况

1. 自然与文化环境

辽宁资源丰富、地广人稀。丰富的物质资源给辽宁人民带来了相对宽松的生存条件，培育了人们一种一成不变的生产生活方式和安顺守常的思维方式，成为地域文化的特征。这种文化中缺少创新思维，更不鼓励创业与创富。辽宁地处中国东北部，虽然广阔，但周边环境却是封闭型的，形成一个相对封闭的文化圈。改革开放后，这种地域上的影响更为突出。在这样的地域文化区域中，"外来文化"难以深入，"内部文化"也难以输出，文化交流十分困难，不利于民营企业家的产生与成长。

受计划经济影响，思想保守，市场观念落后，缺乏开放思想，体制机制灵活性差是民营经济发展的障碍之一。改革开放初期，东北地大物博，工业基础雄厚，自然资源、科学技术居全国领先水平，工业化进程、城镇化水平全国领先，全民所有制国有企业职工规模大、自身优越感强，这些计划经济建设的成绩与优势，成为改革开放新时期民营企业创新创业的阻碍。计划经济的文化基因，如影随形，影响辽宁民营企业成长与发展，也形成辽宁民营企业家精神与江浙地区民营企业家精神时代特质与地区特质差异性。目前，辽宁的民营企业大都规模小、缺乏资金、技术实力和销售渠道，抗风险能力差，竞争能力和创新能力弱，在辽宁产业结构转型升级、创新驱动发展的重大转折时期，民营经济对地区经济增长的内在支撑作用有限。

辽宁老工业基地成长起来的民营企业家，市场意识相对薄弱，较强的行政隶属关系深入人心，契约精神缺乏，进而严重制约了当地民营企业的发展。同时，辽宁是移民杂居社会，而且现代工业体系发展先进，城镇化水平较高，缺乏像浙江民营企业家乡邻、宗亲那样的紧密关系网络与纽带，致使辽宁民营企业在早期创业以及后续发展过程中，既缺乏契约精神作为基础，又没有相应的替代关系作为支撑，其成长缓慢而艰难。缺乏契约精神，导致我国商品经济交易成本、运行成本、履约成本居高不下，民营企业营商环境不良，诸多制造产品（服务）质次价高，缺乏市场竞争力，在经济危机冲击下，盈利能力急剧下降，企业生存与发展受到威胁。

2. 政策环境

辽宁作为东北的老工业基地，曾经是 1949 年后中国经济增长的龙头，但在 1994 年中国转向市场经济后，辽宁的经济发展及 GDP 增速明显落后于长三角和珠三角的省份。到了 2005 年，振兴东北成为国家战略，东北经济增长提速，GDP 同比增速与长三角、珠三角看齐，并在 2010 年全面超越后两者，辽宁的经济发展情况有所改观。总的来说，国家层面对辽宁的经济鼓励政策相较于南方出台较晚。

同时，辽宁作为实行计划经济体制最早、最长、最彻底的地区，面对市场的自我调节能力较弱。虽然辽宁在计划经济时期曾经创造了辉煌，但也保留了计划经济的弊病，等政策、靠救援、要资金的依赖思想使得辽宁的企业缺乏竞争意识与创新能力。辽宁经济以国有化为特征，国有企业作为利税大户也抢占了较多的资源，政策的出台与实施也优先考虑国有企业的发展。虽然改革开放之初，民营企业发展的起步阶段，辽宁走在了全国前面，但是辽宁民营企业是在国有企业的"留白区"内生存，由于体量小，民营企业家缺乏政治地位和话语权。另外，辽宁的许多民营企业是由国有企业转制而来，转制后要面对原有企业职工的遗留、企业债务负担的消化和企业换代升级发展等诸多问题，可以说，辽宁的民营企业一直是背着沉重的包袱在参与市场竞争。2014年以来，辽宁的经济下滑严重，省委、省政府认识到了民营企业在辽宁经济发展中的作用，接连出台了一系列促进民营企业发展的相关政策，改变了以"管"为主导的政府意识，确立了扶持与服务意识，对培育民营企业家精神有重要的推动作用。

3. 市场环境

辽宁民营企业置身于国有企业比重较大的经济结构之中，创新创业生存空间受到挤压；辽宁经济结构中重化工业占比较大，民营企业创新创业进入门槛较高，辽宁民营企业创新创业市场机会受限；辽宁受计划经济影响深重，政府与市场关系、政府与企业关系更加偏离市场经济内在要求，民营企业成长遭遇了不利的市场环境。

民营企业家最关心的莫过于软环境建设。投资兴业的一个关键因素就是当地的"软环境"。民营经济发达地区的成功经验是政府培育民营企业，为民营企业发展创造适宜环境。由于传统的计划经济政策观念的影响，辽宁省在管理民营企业上从严从紧。一位在东北经营多年的温州民营企业家说，现在办事不怕上面没政策，领导都很支持民营企业的发展，就怕和具体职能部门打交道，职能部门"门难进、脸难看、话难听、事难办"。辽宁省工商业联合会2015年上半年对省内民营企业家的民意调查显示，民营企业家对政府部门的行政执法行为和服务普遍不满意，其中对各种收费、行政执法作风、办事效率的不满意率最高。民营企业家遭遇纠纷时，大都通过私人关系解决。

民营企业融资难是世界性的普遍现象，辽宁民营企业融资困难、资金短缺已成为制约其发展的主要因素。民营企业资金需求有"短、小、频、急"等特点，给民营企业贷款成本明显偏高，而且贷款利率的浮动空间不大，不足以弥补银行向民营企业贷款增加的成本，以利润最大化为目标的银行往往不愿意向民营企业贷款。而民营企业核心竞争力差，抗风险能力弱，呆账、坏账率高更是银行不愿意放贷的主因。顺畅民营企业融资渠道是给予民营企业家创新创业的重要支撑。劳动力短缺与人才流失也是辽宁民营企业面对的重要问题。同时，辽宁民营企业的产业结构相对单一，偏向于劳动密集型产业，对劳动力的需求更迫切。在自然资源衰退，劳动人口流失的作用下，产业的衰退将更为严重。民营企业在这样的环境下需要更多的扶持与鼓励。

4.辽宁民营企业家精神特质

辽宁的人均土地拥有面积、国有固定资产投资人均数量、自然资源、科技资源、工业基础体系等客观条件与环境均居全国领先水平，但民营经济发展却未能释放出应有的活力，这与该地区特有的经济体制机制、经济结构、文化环境、市场环境等制约了民营企业家精神有直接关系。回顾辽宁改革开放以来民营经济的发展历程，在改革开放之初，辽宁民营企业家的创新创业精神、冒险精神表现十分突出，在这一时期涌现出许多个全国"第一"，开创了辽宁民营经济的辉煌起点。现阶段，辽宁的民营企业发展却相对滞后，在全国民营企业的佼佼者中鲜见辽宁企业的身影。首先，辽宁省民营企业总体的创新发展并不乐观。虽然技术创新型民营企业仍然不断涌现，但是企业缺乏专业技术人才和高端管理人才，管理人员的创新意识不强，技术创新能力严重不足，企业抗风险能力弱。其次，辽宁民营企业家在经济发展中冒险精神表现不突出、不明显。辽宁省内国有企业占据了过多的优势资源要素，使得民营企业发展空间狭窄，大都在市场缝隙和因体制改革而出现的市场中生存，其原始积累过程慢、水平低、实力弱，技术水平低，缺乏核心竞争力，抗风险能力差，因此，缺乏市场活力和冒险精神。最后，辽宁民营企业家的契约精神有待提升。我国浙江民营企业依托乡邻、宗亲建立起来的商品交易关系，弥补了契约精神不足对民营企业早期发展的制约。辽宁老工业基地成长起来的民营企业家，市场意识相对薄弱，较强的行政隶属关系深入人心，契约精神缺乏，进而严重制约了当地民营企业的发展。同时，辽宁是移民杂居社会，而且现代工业体系发展先进，城镇化水平较高，缺乏像浙江民营企业家乡邻、宗亲那样的紧密关系网络与纽带，致使辽宁民营企业家在早期创业以及后续发展过程中，既缺乏契约精神为基础，又没有相应的替代关系为支撑，所以其成长缓慢而艰难。

总之，民营企业家精神的缺失是辽宁民营企业发展缓慢的主要原因之一。企业家精神不是一个静态的存在，而是一个动态的塑造过程。经济转型需要企业家精神的创新特质。实现经济转型必须主动寻找机会，通过对现有组织、产品、生产资料组合的打乱，寻找可以产生效益的资源组合，这需要企业家精神的创新特质。从搜寻机会、发现机会开始，创造性地组合旧资源，不断地试错，或者用自己创造性的眼睛去寻找有价值的组合，才能发现实现经济转型的创新点。当前，辽宁正处于经济转型的关键时期，鼓励民营企业家创业，培育以创新为核心，以敬业、责任感和实现自我价值为内涵的企业家精神，培养一批具有企业家精神的优秀民营企业家，是辽宁推进民营企业发展的战略任务。

综上比较，辽宁与江浙地区在自然条件、制度环境、文化氛围等方面存在差异，导致各地区民营企业、民营经济发展成效不同，企业家精神特质在地区之间也存在一定差异。江浙民营企业家精神共性特质在于，抓住机遇，灵活响应，顺势而为，开拓进取，辽宁民营企业家受困于计划经济影响以及政府与市场关系对于市场经济规律的违背，在响应市场方面表现得行动迟缓、能力薄弱。具体而言，江苏民营企业家以敢闯敢创、守诚守信、敬贤敬业、博学博爱的理念指引江苏民营企业发展。浙江民营企业家以自强不息、坚忍不拔、勇于创新、讲求实效，闯出了浙江民营企业的一片创新创业新天地。辽宁民营企业家以闯荡拼搏、不畏困难、团结奉献、豪爽勇敢的精神，在创新创业道路上艰难前行。在产业转型升级发展"新常态"下，辽宁与全国各地一样，正在努力深化改革，促进社会主义市场经济体系不断完善与健全。对于发展道路上的困难与问题、民营企业发展面临的困境、民营企业家精神缺失带来的负面影响等，辽宁必须增强"四个自信"，以社会主义核心价值观引导、培育民营企业家精神，积极借鉴江浙等先进地区民营企业家精神驱动民营经济发展的经验，努力改善辽宁民营企业生存、发展环境，引导民营企业家重视企业家精神在企业创新发展中的内在驱动作用，促进民营经济发展并带动辽宁老工业基地焕发出新的活力。

第七章

当代中国民营企业家成长
目标的战略选择

——❧——

　　引导民营企业家不断提高综合修养，引导民营企业家践行社会主义核心价值观，坚定社会主义理想与信念，坚持"四个自信"，凭借企业家身份、由企业家精神驱动、通过企业创新实践活动，积极参与我国社会主义建设事业，为国家经济社会发展做出更大的贡献，促进民营企业家个人价值追求与社会价值追求相一致，促进社会主义物质文明建设与精神文明建设相一致，是当代民营企业家队伍建设的战略任务。确定当代中国民营企业家成长的战略目标，是关系到按什么方式来促进民营企业家成长，是民营企业家向什么方向成长的重要问题。本章主要依据中国经济发展的现实要求，考虑中国民营企业家形成的特殊背景，结合中国当前民营企业家的发展现状，同时针对民营企业家建设的战略任务，对中国民营企业家成长目标进行了战略选择。

一、民营企业家成长环境建设目标

培育企业家精神，首先要从民营企业家所处的社会宏观环境着手，努力营造有利于当代民营企业家精神发挥正向积极作用的政治、制度、市场、文化环境，构建健全的社会主义市场经济体系，为当代民营企业家健康成长营造良好的条件与环境。

（一）政治环境建设

企业家不是政治家，但必须具有政治远见。国家政策在大环境上限定和指明了企业的经营范围和活动方向。企业要保护自己的利益不受损害，则必须要得到政策和法律上的支持，经济与政治从来就是密不可分的，掌握了其中的互动机制，才能使企业永续成长。企业家要了解党的大政方针，具备政治超前意识，其超前意识表现在：一是善于发现政治动向；二是善于与政府交往，塑造社会形象，引起社会关注，扩大企业知名度；三是按照政策法规办事，以确保实现企业长远利益。依据马克思主义关于经济基础决定上层建筑的理论阐述，中国当代民营企业、民营企业家作为经济社会重要建设力量和新兴社会阶层，伴随其自身发展与强大，政治诉求日益突出。民营企业家的政治诉求，有终身职业的发展需要，有儒家"修身齐家治国"的文化影响，也有为企业经营发展寻求政治关联保护的考虑，其动因虽复杂，但却是客观存在的。因此，要推进当代民营企业家健康成长，首先要正视民营企业家的政治诉求，建设有利于民营企业家精神培育生成并发挥正向积极作用的政治环境。

参与政治活动是企业家个人动机、信仰、价值观影响下的高度个性化的努力与行动。民营企业家作为出资人或控股者，在将个人偏好注入企业经营决策的同时，还通过担任其他社会角色，将个人利益和企业利益交织在一起，通过企业活动来实现个人的奋斗目标。中国民营企业家，作为企业创建者或公司所有者，代表他们的公司和他们个人。这种双重角色意味着他们不仅要关注企业竞争力的提高，还要关注个人人生目标的实现。虽然他们可能会为了商业成就寻求政治任命，也有可能会通过参与政治活动来实现儒家价值理念——获得社会影响力来使他们获取更大的利益。这种政治参与任命机制，激励民营企业家努力提高经营管理水平，提高企业竞争实力，完善企业家自我修养与价值提升，勇于承担责任与公益奉献，为社会做出更多贡献。

民营企业家在继续他们的专业运营的同时，可以利用其政治身份来为大众和社会和谐做出贡献。然而，企业家必须花费大量的努力和资源来获得这些政治身份，以及花费时间和成本来履行参政议政。为了获取经济利益而寻求政治联系和追求自我价值实现的个体，可能会计算这种任命所带来的收益和付出的成本代价。因此，建设当代民营企业家成长的良好政治环境，重点在于选拔具有较强利他动机的民营企业家获得政治任命，并引导这些获得了政治任命的企业家树立服务社会、服务大众、服务经济发展的正确政治目的，而不是为了促进他们的企业经营。

我国民营企业家的政治参与是在短时间内迅速发展起来的，部分民营企业家因为利益驱使，会采取一些不被现行法律政策所允许的非制度化政治参与行为，不仅破坏了市场公平原则，危及了国民经济的健康持续发展，造成了恶劣的社会影响，而且助长了腐败滋生，使党和政府的公信力下降，使公民对党和政府产生信任危机，如果任其发展下去，既不利于我国社会主义民主政治的良性发展，也不利于民营企业家自身政治素质的提高。党的十八大以来，中国共产党强有力地开展了全党的建设工作，严厉打击腐败，打击买官卖官，打击官商勾结，打击利益输送，打击涉黑等，国家政治治理取得一定成效。构建民营企业家成长的良好政治环境，应着力打击民营企业家通过贿选、官商勾结、不正当利益交换等非法手段获得政治任命，惩治民营企业家凭借政治任命身份，在参政议政过程中谋取私利、损害公众利益、危害社会的违法行为。结合我国当前的政治生活，以协商民主制度建设为契机，从国家制度和政策机制层面进行创新和探索，建设民营企业家清明廉洁参政议政政治氛围与环境，逐渐引导和规范民营企业家政治参与走向制度化。

（二）制度环境建设

中国当代民营企业家是中国改革开放的直接产物，伴随着中国改革开放不断深化，实现了社会主义计划经济向社会主义市场经济转型，一系列适用于社会主义市场经济的法律制度、行政制度、政策制度不断建立。改革就是新制度、新组织的形成过程，中国改革开放 40 多年，一方面，形成了支撑社会主义市场经济体系的一系列新制度；另一方面，诞生了包括当代民营企业、企业家在内的众多社会主义市场经济新组织、新主体、新阶层。新制度与新组织之间相辅相成，当新组织的创新实践落后于制度创新时，新制度对于创新实践行动具有引领、激励作用；当新组织创新实践领先于制度时，企业家创新实践活动可推进制度改革、促进规范化制度形成。可见，改革开放以来，中国特色社会主义制度建设与当代民营企业家创新创业实践是一个相互协同共生演化的过程，民营企业、企业家群体内部相互之间彼此影响；民营企业、民营企业家受制度约束、受制度影响，并且促进制度改革与建设；制度与制度之间也相互作用、相互影响。

改革开放以来，鼓励民营企业发展的制度创新，对原有限制民营企业发展的稳定制度安排构成激烈冲击。这种冲击包括社会价值、管理政策和运行规则，通过扰乱原有的稳定制度安排，改变经济活动行动思想与制度逻辑，并预先考虑由此所带来的各种可能性及后果。这一进程中最早探索性尝试开展经营活动的民营企业家，其实是市场经济制度的创业者，并由此对后续开展创业活动的民营企业产生了巨大影响。民营企业创新创业促进社会主义市场经济体系建设是一个制度体系的外生冲击过程，各种冲突、争论、变迁交织在一起。制度设计与建设推进者，不断制定、实施各种引导、鼓励民营企业创新创业发展的制度、政策、措施，为民营企业发展创造更多的市场机会。所以，制度环境是当代民营企业发展的重要保障，是民营企业家精神孕育、增强、提升以及发挥作用的基本社会生态。

改革开放是一个渐进的过程，社会主义市场经济制度建设在摸索中前进，新体制、新机制、新政策与旧有体制、机制、政策共生、冲突、矛盾，许多创新创业实践缺乏明确、规范的制度依据与保障，民营企业大量创新创业实践活动未获得合法性。特别是在改革开放早期阶段，新的市场经济制度尚未形成主导性制度逻辑，没有达成社会广泛共识与认同，没有形成共同标准，一些民营企业为了确保经营所需资源，游走于新旧制度空白缝隙之间，闯荡于经济、价格双轨制之间，甚至钻政策空子、制假贩假、随意违约等，助长了部分民营企业家的投机暴富心理，拉关系、拿回扣、勾结政府官员，铸成了第一代民营企业的原罪，埋下了第一代民营创业企业家的原罪感。还有一些民营企业家缺乏安全感，担心被清算，向海外转移财产、改变身份等行为，都有其深厚的制度原因。

我国社会主义市场经济制度建设走过了"允许存在民营经济"阶段、"肯定民营经济作用"和"鼓励民营经济发展"不同阶段，党的十八大以来，民营企业进入创新驱动发展新阶段，社会主义市场经济制度体系逐步健全、完善。伴随我国经济社会发展进入"新常态"，传统增长稳态向新的增长稳态转换，经济结构重构以及发展动力重塑，产业转型升级创新驱动发展为民营企业发展带来新机遇、新挑战。为了稳定经济、促进就业，政府加大简政放权力度，为民营实体经济发展扫清障碍，并为其提供制度政策支持，民营企业创新创业发展进入了难得的黄金发展时期，围绕促进民营经济创新驱动发展进行了一系列综合性制度改革与建设。党和政府在社会主义市场经济制度建设方面做出了极大的努力，有利于民营企业长期持续健康发展的良好制度环境正在形成。这些制度的贯彻落实，是当代民营企业家成长制度环境建设的主要着力点和重要努力方向，仍需各级党委、政府做出积极切实的努力，务实推进实施。

（三）市场环境建设

企业家的成长需要竞争的市场体系和现代企业制度，这是企业家成长的前提条件。没有竞争的市场体系和完善的企业制度，就不会有公平的市场竞争，也就不可能造就出一批具有战略眼光和创新精神的民营企业家。中国民营企业家的成长有赖于社会主义市场经济体制的建立与完善。著名经济学家熊彼特在他的"创新理论"中，把"创新"作为判断企业家的关键。在他看来，没有企业家的创新，就没有企业利润，就没有经济的发展。企业家的创新素质，只能在公平的市场竞争环境中造就，而公平的市场竞争环境有赖于社会主义市场经济体制的建立和完善。因而，加快建立现代企业制度和社会主义市场经济体制，是中国民营企业家健康成长的前提条件，也为中国民营企业家的成长提供了一个社会标准。

改革开放几十年，我国原有计划经济体系逐步被市场经济体系所替代，民营企业从传统计划经济体系的"边缘"逐步发展壮大起来。我国当代民营企业早期身处"双轨制"市场环境，从市场机会角度来看，对民营企业发展有利；但存在对民营企业的制度挤压、政策挤压、社会舆论挤压等因素，不利于民营企业家创新精神、契约精神的形成。随着市场经济体制改革不断深化以及民营企业自身成长壮大，民营企业成长的市场环境有了较大改善，民营企业在资本、土地、劳动力等资源方面的获得能力与获得机会增大。但是，民营企业与国有企业以及外商投资企业的主体地位不同，在税收、融资、投资、投标、培训等诸多方面所适用的体制、机制、政策都存在差异，民营企业身处不平等竞争地位与环境，制约民营企业的竞争实力与创新能力提升，民营企业家创新动力不足。

党的十八大以来，党和国家推行实施了促进社会主义市场经济体系建设的一系列综合改革举措，公开透明、公平竞争的市场环境建设稳步推进，特别是党的十八届三中全会通过了《中共中央关于全面深化改革若干重大问题的决定》（以下简称《决定》），《决定》明确提出："经济体制改革是全面深化改革的重点，核心问题是处理好政府和市场的关系，使市场在资源配置中起决定性作用和更好发挥政府作用。"市场在资源配置中起决定性作用，其实质就是必须遵守市场经济的一般规律，更好地发挥政府作用，使经济社会获得持续健康发展。这一重大改革方针的确立，有利于从根本上改善民营企业发展的市场环境，是促进我国当代民营企业创新驱动发展的根本性制度保证，是推进民营企业家成长市场环境建设的根本性保障举措。

让市场在资源配置中起决定性作用，是当代民营企业家成长市场环境建设的核心与重点目标。市场在资源配置中起决定性作用，要求我们必须遵守市场经济的一般规律，更好地发挥政府作用，使制约民营企业发展的不平等竞争、国有企业垄断经营、要素流动限制等不利环境因素从根本上得到解决。发挥市场在资源配置中的决定性作用，要求市场资源要素流动与交换由价值规律主导，打破不良垄断和过度行政管制与干预。发挥市场在资源配置中的决定性作用，必须切实转变政府职能，减少政府对资源的直接配置，加强优化政府的公共服务职能，强化市场监管，维护市场秩序，保障公平竞争，建设法治政府和服务型政府。市场经济是一种制度逻辑，是有条件、有原则、有价值取向的交换体系，是以市场正义和契约精神为基础的经济运行环境。以市场在资源配置中起决定性作用来深化改革，是我国社会主义市场经济构筑市场正义与契约精神的重大战略举措，是建设有利于民营企业家成长市场环境的战略保障，是促进民营企业创新驱动发展的根本出路。

（四）文化环境建设

人的行为直接依赖其生活的社会文化环境。我国当代民营企业家的成长环境构建，除上述政治环境、制度环境、市场环境建设目标外，文化环境建设也十分重要和关键。

每一个民族或每一种经济制度都是在特定历史条件下进行活动或发展，我国当代民营企业家群体深受中国传统文化影响，民营企业家成长的文化环境建设任重道远。首先，要增进民营企业社会价值认同，实现对当代民营企业家身份认同的文化转变。伴随改革开放，民营企业不断发展壮大，民营企业在社会主义建设事业中的地位与作用日益为社会所认同，诸多对民营企业、民营企业家的偏见、误解、不认同逐渐消减。民营企业家成为社会主义建设者，新兴社会阶层，广泛参与社会政治、经济、文化、法制建设，政治地位不断提高。各级人民代表大会、政治协商会议、人民团体吸纳了大批优秀民营企业家加入。民营企业家的政治地位、社会地位与影响力日益提升。其次，要克服传统文化不利影响。改革开放是中华民族从农耕文明走向工业文明历史进程的一部分，源远流长的中国传统农耕文化、儒家思想根深蒂固，其影响在我们构建现代工业文明、市场经济体系、企业家价值观体系进程中无处不在。近年来，党中央全面加强党的建设，反腐倡廉，破获一系列大案要案。透过这些官商勾结、行贿受贿、买官卖官等恶性案件，我们依稀可见圈子文化、关系背景、人情派系等传统文化负面影响的魅影。

从近代民族工业兴起，到新中国现代工业体系建设，特别是改革开放以来我国现代化进程建设取得的成就，促进了我国现代工业文化的孕育、成长与发展，促进了社会主义核心价值观体系的确立，加快了社会主义先进文化建设进程，为克服传统文化带给社会主义市场经济体系建设的不利影响创造了条件。各级党委、政府以及包括民营企业家在内的社会全体成员，必须认清传统农耕文化与现代工业文明的内在逻辑冲突，从个人行为、组织行为细微之处着手，自觉克服传统文化的负面影响。

二、民营企业家价值观体系建设目标

价值观是指人们对客观事物的价值、意义、重要性的总体评价和总的看法。对诸多事物看法和评价在心目中的主次、轻重排列次序，就是价值观体系。价值观和价值观体系决定人的行为。当代中国民营企业家的价值观体系建设包括个人价值观体系建设和社会价值观体系建设两个方面。企业家在企业中的独特地位，决定了其个人价值观体系必然影响企业组织创新、管理创新、价值创新等冒险活动，同时也决定着企业经营发展的兴衰成败。一个人的价值取向主要受社会环境的影响，正如马克思指出的那样，人的本质是其社会关系的总和。个人价值体系的形成过程受制于社会价值体系，在人们还不能自觉地思考这个问题时就被社会环境培养了一种价值体系。奉行某种价值体系的人的行为，反过来又构成了社会环境的一部分，进一步强化着这种价值体系。因此，个人价值体系与社会价值体系之间相互影响、相互决定、相互强化，企业家精神特质是特定时期企业家个人价值观体系和社会价值观体系交互作用的结果及其外在表现。

（一）个人价值观体系建设目标

资本逻辑、优胜劣汰机制、契约精神源自市场经济体系内在要求，构成企业家个人价值观体系，是企业家精神的重要价值观支撑，是企业家对于市场经济规律的尊重与奉行。

1. 奉行资本逻辑

中国处于社会主义初级阶段，受科学技术、生产力水平所限，必须依靠、利用资本的力量来实现自身发展，社会发展战略制定与实施没办法完全基于"纯粹社会主义"性质，资本逻辑仍然是促进社会主义市场经济发展的基本逻辑。资本逻辑在现阶段我国生产力水平提高方面发挥重要作用。企业家是社会主义市场经济体系建设主体，企业家作为出资人或资本掌管者、经营者，必须遵循资本逻辑，开展经营活动，进而推动社会生产力发展，促进社会财富创造与积累。

资本逻辑是建立在等价交换的价值规律基础上的，而等价交换的价值原则是对封建等级制的否定和颠覆，秉承人人平等的理念和原则，因此，资本逻辑对于平等观念的形成和平等原则的产生起到积极的作用。民营企业家精神根基在于确立与奉行资本逻辑。资本逻辑就是资本增值和追求利润最大化的逻辑，资本的内涵实质上就包含或展现为资本逻辑，即在供需矛盾和价值规律的支配下，资本追求着无限的增值和利润，这就是资本永无止境的欲求和终极目的。资本逻辑和价值规律是资本市场运转的轴心和运行规则，因而资本逻辑同价值规律一样在资本市场中就有它存在的合法性和合理性。并且，资本逻辑在推动资本市场的快速而健康发展，乃至推动整个社会的发展方面起到了重要作用。但是，背离资本逻辑，资本逻辑超出了资本市场合理、合法的范围，僭越到权力领域，将严重损害社会主义市场经济体系运行基础。[①]

我国有较长的封建社会历史，近代经历了资本主义萌芽发展，新中国成立后进行了社会主义计划经济体系建设，改革开放以来进行社会主义市场经济体系建设。市场经济体系发育不成熟、成长不健全，影响着企业家的行为。从近年来领导干部违纪违法典型案例来看，一些商人通过行贿官员牟取不正当利益十分多见，这些不法行为都是由于企业家对资本逻辑的严重违背。此类违法经营活动，不但不能促进社会生产力水平提高，而且对社会生产力构成极大破坏，对社会政治生态、社会文化生态、社会道德体系造成严重破坏，社会危害无穷。无论是生产经营还是生活消费，一事当前，人们首先想到的是找谁帮忙，找政府、找官员解决，特别是在民营经济发展成长缓慢的地区，这种情况更为普遍。这一方面缘于市场环境不健全，市场经济体系发育不成熟；另一方面，也是人们长期养成的个人思维特点。因此企业家奉行资本逻辑开展经营活动的思想自觉、认识自觉、行动自觉有待进一步提高。

资本逻辑是市场运行的基本规律，它不仅对市场的有序运行起到了关键作用，而且对整个社会也起到了积极的作用。但资本逻辑在市场中也有它的先天不足或缺陷，这就是资本逻辑的自私和贪欲。作为经济手段的资本逻辑的合理性、合法性和积极意义是就资本市场范围而言的，即资本市场是资本逻辑合理性、合法性和积极意义的限度，如果资本逻辑超出了资本市场的限度，僭

---

① 胡敏中：《论作为经济手段的资本逻辑》，载《学习与探索》2015年第1期，第18-21页。

越到权力等领域，资本逻辑就走向了它的反面，有利于企业家精神的环境建设就是要把资本逻辑关进市场的笼子里，严防它的僭越。作为市场主体的企业、企业家在市场领域奉行资本逻辑开展经营活动，是企业家的本分，是对封建等级制、官本位思想的颠覆与超越，是市场经济体系的根基，也是企业家个人价值观体系的基础与核心。人人平等、平等原则、等价交换是市场逻辑的真谛，这是当代民营企业家精神价值观体系的根基，特别是对受儒家传统思想影响深厚的中国当代民营企业家，资本逻辑的价值观确立与奉行，更是必补的历史缺课。企业家树立人人平等观念、平等开展商业交易，是企业家价值观体系的基础与核心，是企业家正常开展经营活动的基本前提。奉行资本逻辑是民营企业家最首要的价值认同，引导、教育民营企业家奉行资本逻辑，是当代民营企业家个人价值观体系构建的首要目标。

2. 坚信优胜劣汰

市场运行有其客观规律即优胜劣汰，那些生产条件好、产品（服务）技术含量高、经营管理水平和劳动生产率水平高的企业，可获得较多盈利，企业健康成长，在市场竞争中处于有利地位，而且越来越具有竞争优势；反之，则获利少，甚至亏损，在市场竞争中处于不利地位，而且越来越缺乏竞争优势，直至破产倒闭。优胜劣汰机制其实就是马克思所说的价值规律，价值规律是市场经济内在必然。价值规律的基本内容是：商品的价值量由生产商品的社会必要劳动时间决定，商品交换依据商品的价值来进行，实行等价交换。价值规律既支配商品生产，又支配商品流通，是商品经济的基本规律。社会必要劳动时间，是指同一生产领域，拥有不同生产效率的企业，生产相同商品各自所使用的劳动时间的平均值，那些劳动时间耗费低于平均值的企业，生产效率高，有利润空间；那些劳动时间耗费高出平均值的企业，生产效率低，没有利润空间。马克思比喻价值规律为自然规律，揭示其不以人的意志为转移的客观必然性。

优胜劣汰是企业家精神的基本价值观支撑。尊重价值规律，坚信优胜劣汰，应为企业家开展经营活动、参与市场竞争的基本信条。只有坚信优胜劣汰，企业家才有可能进行技术研发，生产更高品质的商品、提供更有竞争力的服务。只有坚信优胜劣汰，企业、企业家才有创新的动力，企业家创新精神才会有其价值观基础。只有坚信优胜劣汰，企业、企业家才有可能避免过度投机、掺杂使假、蒙骗欺诈等违法行为。优胜劣汰是市场经济基本激励与约束机制，坚信优胜劣汰，意味着企业、企业家认同谋取利润需要靠自身努力，努力提高技术水平，努力提高管理水平，努力提升产品质量，努力提升顾客满意度，这些努力激励企业走向盈利、走向成长、走向可持续经营。在市场经济运行体系下，企业家不认同、不循序优胜劣汰机制，就只能招致经营失败，这是对企业家的有效约束机制。

企业、企业家担负着重要使命，企业家的价值观意义重大。企业家坚信优胜劣汰，坚持做好产品、做好企业、做好企业家，是企业家创新精神的重要源泉与支撑。近年来，国家加大对假冒伪劣等企业不法经营行为的打击力度，各类恶性事件的发生极其恶劣影响有所遏制，一方面得益于社会主义市场经济体系建设日趋改进，企业违法经营行为的成本、代价、风险日趋增大。另一方面，企业家在市场经营过程中自身也得到成长，对市场经济运行机制的领悟不断加深，优胜劣汰激励与约束机制的示范作用不断扩大，越来越多的企业家坚信优胜劣汰市场机制，带领企业走上合法经营、正当竞争、干净赚钱、阳光创富的可持续经营之道。当前，中国社会主义市场经济体系处于逐步健全完善阶段，优胜劣汰机制有效性仍有待加强，有必要加强对民营企业家进行宣传、教育与引导。

3. 培育契约精神

"契约"一词源于拉丁文，在拉丁文中是"交易"的意思，其本质是一种契约自由的理念。契约精神是指缔结契约的主体的地位是平等的，缔约双方平等地享有权利履行义务，互为对待给付，无人有超出契约的特权，即缔结契约的双方，都必须履约。为了达到契约的平等精神，违背契约者要受到制裁，受损害方将得到利于自己的救济。契约精神强调人人平等，契约保护不足带来的国家责任，不应该在个体之间寻找需要保护的弱者或者亲者，而是保证契约能够得到执行和遵守。契约精神是商品经济社会市场交易中派生出的契约关系与原则，是一种自由、平等、守信的精神。契约精神包含两个重要的内容：私人契约精神和社会契约精神。私人契约精神存在于商品社会的私人交易之间，对商品经济的发展有着至关重要的作用。社会契约精神，源于西方资产阶级革命时期的古典自然法学派学说，对西方的民主、自由、法治有着深刻的影响。因契约精神的平等要义，被近代资产阶级革命者作为理论武器而创造了社会契约理论。社会契约理论强调，通过每个人让渡一部分权力交给国家代为使用，双方达成合意，建立社会契约，各自履行各自的权利与义务，以达到社会的和谐。

培育企业家契约精神是当务之急，也是事关民营企业长远发展的根本性战略举措。完善社会主义市场经济体系建设，促进当代民营企业家精神培育，有必要培育、引导民营企业家的契约精神。中国传统农耕社会，是熟人之间、亲邻之间的往来与交易，交易的基础是身份以及身份依附。企业经营是陌生人之间的交易与合作，现代商品交易必须实现从身份到契约的转变，契约精神是现代社会对人类合作拓展秩序的内在要求。伴随不断深化改革，特别是党的十八大以来一系列重大改革举措的实施，我国社会主义市场经济体系建设，日益强化民主法治建设，2014 年 10 月，中国共产党第十八届中央委员会第四次全体会议首次专题讨论依法治国问题，并发布《中共中央关于全面推进依法治国若干重大问题的决定》。依法治国就是依照宪法和法律来治理国家，是中国共产党领导人民治理国家的基本方略，是发展社会主义市场经济的客观需要，也是社会文明进步的显著标志，还是国家长治久安的必要保障。全面推进依法治国，为包括企业家在内的社会全体公民培育契约精神创造了良好条件和根本保证。

私人契约精神从商品经济交换体系上升至公法领域即公权力控制领域，形成社会契约精神。社会契约精神培育对现代社会的意义非常重要，有利于实施依法治国，构建和谐社会，促进社会主义市场经济良性运转。公法领域的契约精神存在于私人交易主体与公权力之间，目的是为了使公权力不能随意干涉私人主体的活动空间，公权力微观不介入，宏观上进行调控，从而实现、引导、支持保护市场经济的作用，最终有利于交易的实现。公权力在私人契约面前是一种中立的角色，无权力肆意干涉契约自由精神，除非涉及公共利益，主要起到宏观的指导作用。社会契约精神的要义，与党的十八大以来所强调的将权力关进笼子里、实施依法治国内在一致。基于契约精神，传统家族依附关系、等级关系将转变为公民平等关系。民营企业家与政府官员之间的关系不能是交易关系，政府官员不得干预企业经营。包括企业家在内的每个公民，在享有人人平等的权利同时，每位公民的个人义务也得到增强。公民享有平等权利，也应担负责任与义务，极大地促进社会主义和谐社会建设，促进当代民营企业家精神的培育与弘扬。

（二）社会价值观体系建设目标

企业家精神具有社会属性、时代特质，企业家个人价值观体系需要与社会价值观体系共同支撑、影响企业家精神。当代中国社会价值观体系即社会主义核心价值观。社会主义核心价值观是社会主义核心价值体系的内核，体现社会主义核心价值体系的根本性质和基本特征，反映社会主义核心价值体系的丰富内涵和实践要求，是社会主义核心价值体系的高度凝练和集中表达。中国特色社会主义市场经济具有社会主义性质，践行社会主义市场经济的社会核心价值观体系，是包括企业家在内的每一位公民的基本行动准则、价值标准以及价值追求。

1. 民营企业家要践行社会主义核心价值观

新中国成立以来，中国共产党确立了以社会主义基本政治制度、基本经济制度和以马克思主义为指导思想的社会主义意识形态，为社会主义核心价值体系建设奠定了政治前提、物质基础和文化条件。改革开放以来，我国社会主义意识形态建设不断进行新的探索，提出了从建设社会主义核心价值体系到以"三个倡导"为内容，积极培育和践行社会主义核心价值观的战略目标与任务。以"三个倡导"为基本内容的社会主义核心价值观，与中国特色社会主义发展要求相契合，与中华优秀传统文化和人类文明优秀成果相承接，是中国共产党凝聚全党全社会价值共识所作出的重要论断。

"富强、民主、文明、和谐"，是我国社会主义现代化国家的建设目标，也是从价值目标层面对社会主义核心价值观基本理念的凝练，在社会主义核心价值观中居于最高层次，对其他层次的价值理念具有统领作用。富强即国富民强，是社会主义现代化国家经济建设的应然状态，是中华民族梦寐以求的美好夙愿，也是国家繁荣昌盛、人民幸福安康的物质基础。民主是人类社会的美好诉求。我们追求的民主是人民民主，其实质和核心是人民当家做主。它是社会主义的生命，也是创造人民美好幸福生活的政治保障。文明是社会进步的重要标志，也是社会主义现代化国家的重要特征。它是社会主义现代化国家文化建设的应有状态，是对面向现代化、面向世界、面向未来的、民族的科学的大众的社会主义文化的概括，是实现中华民族伟大复兴的重要支撑。和谐是中国传统文化的基本理念，集中体现了学有所教、劳有所得、病有所医、老有所养、住有所居的生动局面。它是社会主义现代化国家在社会建设领域的价值诉求，是经济社会和谐稳定、持续健康发展的重要保证。当代民营企业家践行社会主义核心价值观，形成具有时代特质的企业家精神，在国家富强、人民幸福安康物质基础建设上发挥更加积极的作用，努力开展创新创业、提高生产效率、资源利用效率，促进社会生产力水平不断提升。同时，将企业建设成为具有现代治理体系、现代产权结构的经营组织，科学管理、民主决策、文明经营，使企业成为民主国家、文明国家的践行者与建设者，为将社会主义中国建设成为民主国家、文明国家做出积极贡献。民营企业家践行社会主义核心价值观，正确处理劳资矛盾，建设和谐劳动关系，善待员工，正确处理企业发展与生态环境相协调，为建设美丽中国做出积极贡献。可见，"富强、民主、文明、和谐"社会价值观追求，有利于帮助民营企业家认识社会主义建设事业的伟大目标及其意义，引导民营企业家树立远大发展目标，并将个人、企业发展与国家发展相统一，将个人利益与国家利益相统一，将个人价值与国家价值相统一，从而提升自身价值与目标；有利于引导民营企业家在创新创业实践过程中，实现个人创富的同时，带动更多人实现共同富裕，使个人事业放大至国家事业，从而提升个人财富价值；有利于引导民营企业家树立对社会主义伟大事业的四个自信，帮助民营企业家树立克服企业经营与发展过程中所遭遇困难与障碍的信心与勇气。这种信心与勇气，来自于企业家践行社会主义核心价值观实践过程，来自于这一实践过程中所建立起的对社会主义的理想与信念，并从根本上确立民营企业长期健康发展的内在支撑——企业家精神。企业家精神驱动民营企业创新发展，促进社会生产力水平提高，带动更多的人走向共同富裕，缩小社会贫富差距，为社会主义富强、民主、文明、和谐目标做出更大贡献，是民营企业家践行社会主义核心价值观实践的行动准则。

"自由、平等、公正、法治"，是对美好社会的生动表述，也是从社会层面对社会主义核心价值观基本理念的凝练。它反映中国特色社会主义的基本属性，是中国共产党矢志不渝、长期实践的核心价值理念。自由是指人的意志自由、存在和发展的自由，是人类社会的美好向往，也是马克思主义追求的社会价值目标。平等指的是公民在法律面前一律平等，其价值取向是不断实现实质平等。它要求尊重和保障人权，人人依法享有平等参与、平等发展的权利。公正即社会公平和正义，它以人的解放、人的自由平等权利的获得为前提，是国家、社会应然的根本价值理念。法治是治国理政的基本方式，依法治国是社会主义民主政治的基本要求。它通过法制建设来维护和保障公民的根本利益，是实现自由平等、公平正义的制度保证。践行社会主义核心价值观，使人们拥有更大的意志自由、存在自由和发展自由，有利于民营企业家解放思想，创新经营。自由是创新的前提条件和思想源泉，社会主义自由价值目标的追求与企业家创新精神本质内在一致。无论是欧洲度过漫漫中世纪黑夜之后开启的近现代科技革命，还是中国改革开放驶入社会主义经济社会快速发展新时期，都得益于思想大解放，思想获得自由。对于平等权利的价值追求，有利于民营企业家社会身份、社会地位、社会价值的个人认同与社会认同，有利于企业家契约精神信奉与实践，有利于民营企业家私人财产权安全与保障，有利于民营企业家参与市场机会竞争与利用，也是对民营企业家为国家和社会做出应有贡献、应担责任、应负義务的基本要求。社会主义核心价值观对于社会公平和正义的召唤，更是有利于确保社会主义市场经济体系资本逻辑、价值规律有效发挥作用，是对民营企业家经营地位、经营利益的根本性保障，也是对民营企业家不正当竞争、非法经营行为的有效约束。建设法制社会，是社会主义市场经济体系有效运转的基本前提和重要保障，是民营企业家的根本利益诉求，有利于促进民营企业家创新发展、依法经营、阳光致富，同时，是改善民营企业经营环境的法制保障，是确保民营企业家财产安全的制度保障，是打击民营企业行贿官员、造假欺诈、垄断串谋等不正当竞争的制度保障，有利于民营企业长期健康持续发展环境建设。建设"自由、平等、公正、法治"社会，是社会主义市场经济体系发展目标，也是基本条件，与促进民营企业发展壮大所需要的政治环境、制度环境、市场环境、文化环境内在一致，与当代民营企业家精神培育目标内在一致，是培育民营企业家精神的方向指引、行动依据与价值准则。

"爱国、敬业、诚信、友善"，是公民基本道德规范，是从个人行为层面对社会主义核心价值观基本理念的凝练。它覆盖社会道德生活的各个领域，是公民必须恪守的基本道德准则，也是评价公民道德行为选择的基本价值标准。"爱国"是基于个人对自己祖国依赖关系的深厚情感，也是调节个人与祖国关系的行为准则。它同社会主义紧密结合在一起，要求人们以振兴中华为己任，促进民族团结、维护祖国统一、自觉报效祖国。"敬业"是对公民职业行为准则的价值评价，要求公民忠于职守，克己奉公，服务人民，服务社会，充分体现了社会主义职业精神。"诚信"即诚实守信，是人类社会千百年传承下来的道德传统，也是社会主义道德建设的重点内容，它强调诚实劳动、信守承诺、诚恳待人。"友善"强调公民之间应互相尊重、互相关心、互相帮助，和睦友好，努力形成社会主义的新型人际关系。当代民营企业家作为社会主义建设者、新兴社会阶层，应自觉遵守公民基本道德规范，特别是用以指导企业创新创业实践行动，自觉培养企业家的职业精神——企业家精神，用"爱国、敬业、诚信、友善"道德准则自觉约束企业家个人以及企业组织的经营行为，促进民营企业家及其企业的个人价值标准以及企业价值标准与公民道德行为价值标准内在一致。当代民营企业家的发展得益于国家改革开放政策以及社会主义市场经济体系建设不断完善，企业家个人事业、企业发展与国家命运与前途息息相关，民营企业依法经营、健康发展，是对社会主义建设事业的最大贡献，是企业家最大的爱国行动。民营企业家在企业经营实践中，自觉遵守公民道德规范，将企业经营活动所遵循的资本逻辑置于社会主义公民道德规范基础之上，是对社会主义核心价值观的践行与遵守，是提升民营企业家创新创业事业发展以及个人价值追求意义的实现途径。民营企业家发展与壮大是社会主义市场经济体系建设的组成部分，其建设目标是通过少部分人富裕带动更多的人走向富裕，实现民族国家富强。民营企业家个人致富过程带动相关企业、股东、员工致富，并通过社会公益、慈善事业，促进社会、国家富强，是践行社会主义核心价值观的现实行动，是民营企业家爱国行动的有效实现途径。敬业是企业家精神的基本特质，市场竞争瞬息万变，企业经营处处有风险，企业家是社会主义市场经济体系中的职业经营者，具有创新、敬业、执着、冒险等企业家基本精神特质，唯具备敬业执着精神，才能够捕捉市场机会，克服重重困难，维持企业经营，促进企业发展。诚信是企业家精神特质的内在要求，诚信、信守承诺、信奉契约精神是企业家精神的灵魂。诚信是社会主义市场经济体系运行基本条件，是民营企业健康持续发展的基本环境要求，民营企业家更应自觉遵守诚信行为道德规范，遵循诚信商业价值准则，树立诚信企业价值标准，提升诚信企业家精神特质。民营企业家是社会主义事业建设者、社会新兴阶层，但不是一般的建设者、新兴阶层，是少数富裕阶层。民营企业家负有提高生产效率、促进国家富强的责任，同时也担负着建设和谐社会的使命。企业家善待家人、善待员工、善待顾客就是友善之举；企业家个人致富不忘国家、不忘社会、不忘员工就是践行社会主义核心价值观。自觉抵制不良行为，做模范道德公民，做健康、文明新型社会人际关系的引领者，是民营企业家践行社会主义核心价值观的实际行动，也是企业家精神特质的内在要求。民营企业家拥有更多的财富，需要有更高的道德标准约束，更高的理想、信念、价值追求，更高的价值观体系和精神境界目标。

2. 社会主义核心价值观对于民营企业家的意义

社会主义核心价值观是当代民营企业家成长的精神引领与价值支撑。面对世界范围思想文化交流交融交锋形势下价值观较量的新态势，面对改革开放和发展社会主义市场经济条件下思想意识多元多样多变的新特点，积极引导民营企业家培育和践行社会主义核心价值观，有助于引导民营企业家坚定不移地走中国社会主义道路，有助于提升民营企业家的精神境界。发展起来的当代中国、富裕起来的民营企业家，更加向往美好的精神生活，更加需要强大的价值支撑。当代中国民营企业家个人、民营企业能不能把握好发展方向、发展方式，很大程度上取决于社会主义核心价值观的引领。社会主义核心价值观落实到经济发展实践与社会治理中，是对民营企业家精神培育和民营企业家成长的直接推动。社会主义核心价值观是当代中国民营企业家实现社会价值认同的纽带。民营企业家遵循资本逻辑进行创新创业，资本逻辑是资本主义市场经济的本质特点与固有矛盾；当今中国，建设社会主义市场经济体系。两者之间的矛盾与冲突集中于民营企业家。面对这样的矛盾与冲突，社会主义核心价值观为当代民营企业家提供了价值支撑与社会认同纽带。社会主义核心价值观是社会主义制度的内在精神和生命之魂，是社会主义制度在价值层面的本质规定，它揭示了社会主义国家经济、政治、文化、社会的发展动力，体现了富强、民主、文明、和谐的社会主义现代化国家的发展要求，反映了全国各族人民的核心利益和共同愿望。在当前经济体制深刻变革、社会结构深刻变动、利益格局深刻调整、思想观念深刻变化，思想大活跃、观念大碰撞、文化大交融的背景下，民营企业家践行社会主义核心价值观，有利于促进资本逻辑与社会主义理想、信念相统一；促进民营企业家个人思想、行动与社会主义市场经济体系、机制相统一；促进民营企业家自由思想、创新意识、财富价值与社会主义核心价值相统一。

社会主义核心价值观是当代中国民营企业家实现社会融入凝聚的纽带。社会主义核心价值观，既体现了思想道德建设上的先进性要求，又体现了思想道德建设上的广泛性要求；既坚持了先进文化的前进方向，又兼顾了不同层次群众的思想状况；既体现了一致的愿望和追求，又涵盖了不同的群体和阶层，具有广泛的适用性和包容性，具有强大的整合力和引领力，是联结各民族、各阶层的精神纽带。民营企业家是一少部分先富裕起来的人、新兴的社会阶层，受近年来社会贫富差距以及一部分富裕阶层不良行为负面影响，民营企业家阶层与社会、社会其他阶层之间存在身份、思想、精神、价值等诸多层面的割裂，社会仇富心理客观存在，民营企业家阶层与社会其他各阶层之间存在对立情绪。社会主义核心价值观，为包括民营企业家在内的全党全国人民团结奋斗确立了共同的思想基础。在社会思想观念和人们价值取向日益多样的情况下，作为社会共同思想基础的社会主义核心价值观，有助于促进民营企业家通过践行社会主义核心价值观实现与社会的融合，有利于引导包括民营企业家在内的全社会在思想道德上共同进步。

社会主义核心价值观是当代中国民营企业家精神的重要源泉。企业家精神一方面受企业家个人的家庭环境、性格、兴趣、志向等影响，是企业家个性特质的外在表现，是企业家自身价值观、价值追求在经营活动中的表现；另一方面，又受社会政治、制度、文化、政策的影响，是社会价值观的具体体现，是社会价值观、价值追求在企业经营活动中的外在表现，是中国社会主义核心价值观的重要载体。一方面，民族精神和时代精神，是社会主义核心价值观的精髓，是当代民营企业家精神的源泉，是一个民族赖以生存和发展的精神支撑。在五千年历史演进中，中华民族形成了以爱国主义为核心的团结统一、爱好和平、勤劳勇敢、自强不息的伟大民族精神；在改革开放新时期，中华民族形成了勇于改革、敢于创新的时代精神。二者相辅相成、相互交融，已深深熔铸在中华民族的生命力、创造力和凝聚力之中，共同构成中华民族自立自强的精神品格，成为推动中华民族伟大复兴的精神动力。当代民营企业家精神是民族精神、时代精神的体现与结晶，民营企业家精神不断从民族精神、时代精神中汲取营养。另一方面，历史地看，中国是亚洲价值观、东方价值观最重要的缔造者。中国当代民营企业家精神源自东方价值观、亚洲价值观。在中国再次崛起的今天，我们不可以放弃这份丰富的历史遗产。在经济日益全球化的今天，民营企业家将逐步成为代表中国参与国际竞争的主力军，参与国际市场竞争的主体。在塑造发展中国国际话语权方面，中国应日益扩大、增强东方价值观的世界影响力。在不断总结亚洲国家共同经验基础上，挖掘当代民营企业家精神的东方价值观特质，扩大东方价值观的影响。中国当代民营企业家的创新创业实践，他们的成功故事、创业经历，他们在全球市场中的地位与影响，都可促使当代民营企业家成为扩大亚洲价值观影响，增强亚洲价值观话语权的重要途径与实现方式。总结中国发展经验，增强亚洲社会共享的亚洲价值观、东方价值观和中国社会主义核心价值观，促进中国当代民营企业国际竞争力提升，丰富当代民营企业家精神价值观源泉。

总之，社会主义核心价值观是增强民族凝聚力、提高国家竞争力的迫切需要。当今世界，各国经济既相互融合又相互竞争，不同文化既相互借鉴又相互激荡。经济全球化的不断深入，既挑战着国家主权的内涵，又冲击着人们的国家观念、民族认同感。国家之间的竞争，既表现为经济、科技、军事等硬实力的竞争，又越来越反映在软实力之间的较量。在经济领域代表国家参与国际竞争的民营企业家，践行社会主义核心价值体系，有利于增进民族自豪感、民族自信心，促进经济全球化条件下的国家竞争力提升，在激烈的国际竞争中维护国家和民族的利益，赢得全社会对民营企业家的身份认同与价值认同。

综上所述，当代民营企业家队伍建设，应遵循目标导向，努力促进民营企业家财富追求目标与我国社会主义物质文明建设目标内在协调，促进民营企业家个人道德、理想、信念与社会主义道德、理想、信念内在一致，促进民营企业家个人价值观体系与社会主义核心价值观体系内在统一。并以此为目标，通过中国社会主义市场经济体系一系列重大改革举措实施，建设有利于民营企业家成长的政治环境、制度环境、市场环境、文化环境。尊重市场经济规律，建设企业家个人价值观体系，引导企业家遵循资本逻辑、坚信优胜劣汰、信奉契约精神，形成当代民营企业家精神基础核心价值支撑。坚持社会主义道路，高举社会主义旗帜，引导民营企业家在社会主义建设事业实践中践行社会主义核心价值观体系，树立远大理想与目标，为建设"富强、民主、文明、和谐"社会做出积极贡献，提升自身与企业社会价值；在积极参与建设"自由、平等、公平、法制"社会实践中实现个人与企业健康发展；作为社会主义建设者与新兴社会阶层，自觉遵守"爱国、敬业、诚信、友善"社会主义思想道德规范，促进当代民营企业家紧密团结在党的周围，实现社会认同与融入。在个人价值观体系、社会价值观体系建设基础上，注重从民族精神、时代精神、亚洲文化中汲取营养，促进当代中国民营企业家健康成长。党的十八大以来，经济转型升级"新常态"下，我国民营企业家创新创业实践行动及其价值取向，表明当代民营企业家精神培育目标、建设重点是正确的，也是可行的。

第八章

基于企业家精神的民营企业家
成长对策探索

〜〜〜〜

　　企业家是"经济增长的国王",加强企业家队伍建设已成为社会经济持续发展的迫切需要。加强民营企业家队伍建设是建立现代企业家制度、促进民营企业健康持续发展的必然要求,也是区域产业结构调整及其竞争力快速提升的必然选择。要实现区域经济持续、快速、健康地向前发展,迫切需要打造一支具有企业家精神的现代民营企业家队伍。当前,中国正致力于调整经济结构,转变经济发展方式,新常态下民营经济的发展面临着巨大的机遇和挑战,如何引导民营企业家精神发挥更大正向积极作用,促进民营企业家队伍健康成长变得十分紧迫。伴随着当代中国经济的快速发展和政府政策的剧烈变化,企业家精神的有效发挥成了企业生存发展和民营企业家健康成长的关键性决定因素。改革开放40多年的经验证明,中国不乏企业家精神。也正是这种深度融入中国特色社会主义制度的企业家精神,创造了中国的经济奇迹。本章在明确民营企业家成长战略目标的基础上,基于企业家精神,重点探讨了有利于民营企业家成长的对策措施。

一、优化民营企业投资营商环境

投资营商环境关乎民营经济发展的规模、速度、质量和整体水平，是民营经济大发展、快发展、蓬勃发展的必要条件、重要基础和关键所在。打造国际化营商环境作为落实"四个全面"战略布局、新发展理念和"四个着力"要求，对于推动辽宁创新改革和实现全面振兴有着重要的现实意义。对于辽宁全面振兴来说，新型政商关系的构建以及营商环境等软环境建设，目前已成为重要突破口，势在必行，必须放在更加突出的重要位置。

（一）建设一流的政务环境

第一，政府应转变职能。厘清政府与市场的界限，充分发挥市场在资源配置中的决定性作用。政府该放的权力必须一放到底。凡是公民、法人和其他组织能够自主解决、市场机制能够调节、行业组织或者中介机构通过自律能够解决的事项，政府部门都不要通过行政管理去解决。按照有限政府的要求，减少、撤销及合并职能部门，一方面加强间接调控和市场监管，促进公平竞争；一方面减少行政性直接干预，"法无禁止即可为"。第二，政府应依法行政。深入推进法治政府建设，进一步强化依法行政和监督。以政府"法无授权不可为""法律授权必须为"的法治思想，完善执法程序，规范行政执法行为和自由裁量权。建立和推行政务活动公开制度、权力清单和负面清单制度。第三，政府应提高工作效能。全力打造服务型政府和效率型政府。进一步简化行政审批流程，完善网上审批流程和服务功能，形成线上线下相结合的政务服务体系。建立健全限时办结责任追究、效能评估、行政效能监察考核等制度，对超出办结期限的单位进行问责。进一步加强机关作风和廉政建设，全面整治慵懒散、不作为和乱作为。第四，政府应提高公信力。深入推进诚信型政府建设。政府应严格履行应尽职责和义务，带头践行承诺，说到做到，不放空炮。要秉公执法，维护公平公正的市场竞争环境。对企业提出的合理需求和诉求要及时解决。对于任何有损政府声誉和公信力的组织和个人要严肃处理。

（二）打造良好的政策环境

第一，积极向国家申报民营经济发展改革试点城市，取得更多的政策增量。《国务院关于近期支持东北振兴若干重大政策举措的意见》第二条提出："在东北地区开展民营经济发展改革试点，创新扶持模式与政策，探索老工业基地加快发展民营经济的有效途径。"第二，认真落实扶持优惠政策。加大政府信息公开力度，凡是涉及企业发展的政策、法规、办事程序都要予以公开。政策宣传要透明高效，实现全媒体的全覆盖。借助商会协会搭建畅通的政策服务平台。政府部门出台政策要兼顾稳定性、连续性和可操作性。加强政策落实情况的监督检查，使所有政策都惠及应该享受的企业。第三，进一步改善税负环境。"轻徭薄赋""欲取先予"，适时进行结构性减税。对初创企业、民生企业、小微企业加大所得税优惠力度，对经营困难企业实行一定时期内的税金减免或缓交政策。进一步清理和规范行政事业性收费项目。凡是没有法律依据的行政事业性收费项目一律予以取消。凡收费标准有幅度的收费项目，经济环境不好时应按最低标准收取。成立专门机构，使清理整顿乱收费、乱摊派、乱罚款、乱评比、乱培训等常态化。

（三）打造公平有序的市场环境

第一，降低市场准入门槛。"非禁即入""非禁即准"。取消国家明文规定不再审批的事项、部门自立的事项、不符合市场经济要求和形势发展的事项。减少小微企业审批程序，放宽环保、消防、卫生等前置审批标准，除特殊行业外，应对民营企业实行差别化管理。建立绿色通道，及时解决市场竞争中的各种问题。第二，建立民营经济跟踪监测机制。建立民营经济统计制度，跟踪、分析、监测民营企业运行情况。由工商联（商会）组织参与民营经济运行的信息采集、监测和分析等工作。与民营经济发展相关的政策信息委托工商联（商会）向民营企业发布。通过工商联（商会）建立紧密型的政企联系机制，定期或不定期地举办政企对话、对接活动。第三，支持商会协会组织发展。大力培育商会协会组织，拓展商会协会职能。支持商会协会在规范市场秩序、引导行业自律、维护企业权益等方面发挥积极作用。借鉴南方先进地区经验，大胆改革注册登记制度，明确规定把所有行业商会、异地商会和经济类协会组织全部归口工商联统一领导和管理，使商会协会真正成为"民营企业之家"。

（四）打造宜商的社会环境

第一，营造亲商、安商、助商的舆论环境。广泛宣传民营企业的社会贡献和优秀企业家的典型事迹，形成关心、支持民营经济发展的舆论氛围和激励创业、鼓励创新的社会风气。树立以发展民营经济为荣和敢冒风险、创富为荣的价值观。在全社会，尤其是各级政府部门及领导干部中树立尊重纳税人、尊重企业家的理念。把营商环境建设纳入干部培训和政绩考核体系。充分发挥舆论监督功能，对损害民营企业利益的行为予以曝光。第二，创新中小企业服务体系。建立以政府为主导（组织协调、制度设计、资金投入），以市场为导向，商会协会等中介组织广泛参与的中小企业社会化服务体系。创新服务内容，搭建创业辅导、技术创新、融资投资、人才培训、法律维权等服务平台。工商联作为以民营企业为主要服务对象的商会组织，网络健全，功能完善，具有与民营企业联系紧密的独特优势，应成为服务任务的主要承接者和服务体系的主要建设者，政府投入应向工商联倾斜。第三，充分发挥工商联的作用。按照中央 16 号文件要求，充分发挥各级工商联组织在非公有制经济人士思想政治工作中的引导作用、在非公有制经济人士参与国家政治生活和社会事务中的重要作用、在政府管理和服务非公有制经济中的助手作用、在行业协会商会改革发展中的促进作用、在构建和谐劳动关系中的积极作用。支持工商联在全市中小企业社会化服务体系建设中发挥牵头作用。支持工商联承接政府转变职能剥离出来的行业管理与协调职能。支持工商联开展民营企业和中小微企业的教育培训。委托工商联和商会就有关经济政策的出台与实施，开展事前征询和事后第三方评估。

二、推进民营企业健康快速发展

改革开放以来，随着国家发展目标的确定，党和国家对于民营经济政策不断宽松化，民营企业得到了飞速的发展，已经逐渐成为我国国民经济的支柱，是我国经济社会发展的重要活力所在。随着我国社会主义市场经济发展，改革力度不断加大，民营企业已成为社会主义市场经济的重要组成部分，在经济社会发展中的贡献度越来越高，地位也越来越重要，必须采取多种措施保障民营企业快速健康发展。

（一）多渠道解决民营企业融资难题

要在执行好现有政策的基础上，一是适度延长授信期限。对于成长型企业引入贷款用于项目投资的，政府可出台政策鼓励银行延长通过担保公司发放贷款的授信期限，提高中小企业中长期贷款的规模和比重。二是银监部门应进一步敦促商业银行转变经营理念，进行金融创新，实现结构扁平化，丰富融资市场产品结构，提供更加贴近中小企业需求的服务，简化贷款程序，提高融资效率。三是加快完善中小企业授信制度。积极做好中小企业征信平台建设工作，扩大企业信用信息数据库的覆盖面，促使企业重视自身信用建设。四是通过财政补贴、税收减免，设立产业发展专项基金和创业投资基金等手段，及降低中小企业贷款抵押登记、评估、公正、担保等收费标准，解决中小企业融资成本高的难题。五是规范融资租赁、典当融资、风险基金等多元化融资渠道。引导民间借贷步入健康发展轨道，工商联与行业协会商会要积极引导和促进有实力的、资金充裕的企业在行业内互助互保，改变过分依赖银行贷款的被动局面。六是强化信用担保体系建设。加快担保行业的监管工作，规范担保机构的市场准入和退出机制。健全完善政府出资、企业联合组建的多层次中小企业信用担保和再担保机构，并逐步扩充资本金。建立中小企业信用担保基金，为开展中小企业信用担保业务突出的担保机构扩大授信额度，并给予风险补偿专项资金支持。完善担保机构税收优惠政策，吸引社会资本进入担保行业。加大为拥有自主知识产权、技术专利和能够制定行业标准、国家标准等民营企业融资提供担保力度。七是政策扶持的重心应逐步偏向股权融资多一些。建立具有政府背景的证券化融资中介机构，对拟上市企业进行上市专业指导，实施培训一批、改制一批、辅导一批、报审一批、上市一批的上市梯度培育工程，全力推动民营企业完成股份制改造并加快上市进程。八是对于已有的扶持政策应进一步细化和分类。如，根据工信部等四部门 2011 年 7 月发布的《中小企业划型标准规定》，将中型企业和小微型企业分离开，分别出台专门的政策，做好新旧标准的衔接工作，使得政策能够真正落在实处，充分发挥政府资金与政策的引导和放大作用，让最需要扶持的小微型企业享受到优惠政策。

　　（二）支持企业完善公司治理机制

　　一是完善对中小企业的审计、统计、税收等管理制度，从外部促使中小企业克服传统的家族式财务管理弊端。引导中小企业按照《中华人民共和国公司法》要求加快公司制改造步伐，通过参股、收购等方式实现投资主体多元化，组建股份制企业，尽快走出家族式管理的模式。二是将中小企业根据发展战略与经营业务特征划分为科技型和一般型两类。属于科技型的，可以重点培育其到创业板上市；对于一般型的，如果企业将未来市场定位为境外，可重点培育与鼓励其通过买壳等方式境外上市；其他的则着重于在中小企业板。对于无上市意愿的中小企业，要通过调研，明晰其缘何不愿上市，然后将其按照"怕控制权旁落""对上市程序与过程不了解""运作不规范"等予以分类，在此之上有针对性地采取措施。三是要帮助和引导企业提高经营管理水平，可以政府购买服务的方式聘请专业机构为企业股改、完善公司治理结构与机制、建立现代企业制度提供咨询和辅导。四是对于纳入政策支持的中小企业的选择不应仅考虑业绩与创新能力，还要重点考察治理状况，引入管理评价指标，促使民营企业把治理结构与管理水平提高到十分突出的位置，以推进中小企业积极转制，实现更高层次的发展。五是成立"公司治理协会"。借鉴国际上比较通行的推动本地区公司改善治理水平的做法。如欧洲公司治理协会（总部设在布鲁塞尔）、亚洲公司治理协会（总部设在香港）、中华公司治理协会（总部设在台北）等。

（三）多策并举破解企业家成长与用工短缺困局

一是实施培育民营企业家成长的人才提升工程，对成长型中小企业经营管理者进行专业培训，扩大企业家沟通交流平台，着力培养具有现代经营理念、视野宽阔、社会责任感强的企业家队伍。二是注重事关民营经济政策的公平性与连续性，让投资者安心创业和投资，为企业家自主创业、施展才华提供渠道和条件，使企业家的创业精神与雄厚资本实现与现代科技、文化和管理的有机结合，增强其市场创造力和竞争力。三是建立有效的企业家绩效考评体系，健全企业家人才测评中心及企业家人才中介组织，负责对企业家行为进行跟踪记录，对企业家能力和综合素质做出系统、科学的评估。完善职业经理人人才库建设，并建立经理人职业利益风险机制，使其经济收入、社会声誉、职业生涯等与企业的生存与发展紧密相关。四是与重点民营企业建立扶持、对接关系，与企业家交朋友，帮助其排忧解难，注重引导民营企业家从商经营理念从养家、致富转向产业报国上来。五是督促企业推行"以人为本"的人性化管理方式，自觉遵守新的劳动合同法，自觉维护劳动用工制度，关爱员工，保护员工的合法权益，以充分调动员工的归属感，稳定员工队伍。六是要经常深入企业了解人才需求状况，及时掌握并向社会发布用工信息；推广中小企业公益培训班的好做法，帮助企业提升员工素质；积极通过各类社会教育培训形式，多形式、多层次地开展面向进城务工人员和再就业人员的专业技能培训。七是推进校企合作。鼓励高等院校，尤其是高职高专与中等职业院校在中小企业建立实习基地，建立"订单式"学生培养班，开展顶岗实习活动，既可为毕业生就业畅通渠道，又可为民营企业发展提供人才支撑与智力支持。同时，对为中小企业用工提供培训服务业绩突出的高校和教育培训机构，提高经费支持力度。

（四）营造出民营企业发展的良好氛围和最佳环境

一是支持民营资本进入重要基础行业和公共服务领域，并享有国有资本平等的权利。细化与"36条"配套的支持措施，对放宽市场准入、降低市场门槛等做出具体规定，加快政策落地步伐。引导民营企业在战略性新兴产业、现代服务业等重点领域的发展。二是帮助民营企业有效拓展市场。积极创建各种展会平台与推广宣传平台；建立和完善中小企业信息网站，为中小企业搭建政策解读、技术推广和市场营销等重点信息服务平台；完善中小企业服务平台评价标准，建立服务体系的绩效评估体系；组织企业参加各种展销会，帮助企业破解内外需求不足的局面。三是全面组织实施民营企业科技创新成长工程。搭建科技成果转化公共服务平台，推进高校、科研院所与企业合作，促进科技成果向民营企业推广与转化。引导民营企业发挥传统产业优势，整合行业科技力量，组建一批行业共性技术开发平台，推动企业产出结构调整和技术结构升级、产品更新换代。四是实现多种企业类型互利共赢的良性循环。重点支持块状经济中的行业龙头企业发展，鼓励和引导各类中小企业围绕其上下游产业链和价值链，开展专业化协作配套经营。五是为民营经济发展营造良好舆论环境。大力宣传优秀民营企业和民营企业家的先进事迹，进一步激励广大民众的创业精神；大力宣传加快民营经济发展的各项政策措施，使企业能够深入了解政策；设立创业投资公司和创业种子基金，加大对优秀民营企业给予奖励的力度。六是"放水养鱼"，强化服务型政府建设。进一步规范行政审批事项，实现审批内容、标准和程序公开化、规范化；严格涉企收费项目，如消防安全检查费，建议对凡使用符合国家标准的消防产品的企业应予以免检，或降低消防检查费；实行收费目录管理制度，并在媒体上定期公布收费目录，加大透明度，规范检查与处罚行为，切实解决片面追求部门利益和部门自由裁量权过大的问题；推进中小企业维权工作体系建设，健全行政责任追究制度。七是发挥中介机构的作用，化解片面依靠政府来创造民营企业发展氛围的被动局面。对待重点扶植的企业，应坚持行政引导与市场主导相融合，既要避免对企业干预过多，又要避免对企业不闻不问。按照社会化、专业化、市场化的原则，积极支持律师事务所、会计师事务所、投资银行和券商等机构参与到民营企业发展的各个环节，推动民营企业由数量发展向素质提高转变。

三、完善民营企业家成长保障机制

中国的民营经济是在非规范的环境和机制中成长起来的。经济体制的改革推动了民营企业家队伍的产生、发展和壮大。目前我国经济体制转轨尚未最后完成，民营企业家人力资本的现状主要有：一是虽然其知识水平有所提高，但是整体素质仍然有待提高；二是经营管理水平仍然不高，经营不够规范。这些都是导致民营企业家的人力资本不足以应对市场竞争和跨国经营中可能遇到的问题。根据我国民营企业家的发展现状要促进其成长，必须健全企业家成长的市场机制、外部形成机制、协调机制和保障机制。

（一）市场机制

随着社会主义市场经济体制的逐步完善和企业改革的进一步深化，造就一支适应市场经济发展的中国民营企业家队伍已势在必行。建立企业家市场，充分利用市场机制的作用是促进我国民营企业家成长的有效途径。企业家市场化是指企业家的产生、选择、任用和成长由市场行为来决定。在市场经济条件下，民营企业家将面对更加复杂的市场环境，其劳动兼具复杂性、创新性以及风险性。只有经历市场竞争的洗礼，民营企业家的素质才能不断提高，潜能才能得到充分的发挥。中国企业家市场的功能之一是指利用市场机制的作用壮大中国民营企业家队伍。

中国民营企业家迄今为止基本上都是本企业的初始创业者，这种成长模式已不能满足中国民营经济的发展要求，中国民营企业家的进一步成长必须借助企业家市场来进行。企业家市场的职能可分为微观和宏观层次。从微观上说，企业家市场主要职能是搜寻、评价、培训企业家以及提供咨询服务等，为企业和企业家提供现实和虚拟的交易空间。宏观上则是建立企业家的流动升迁机制，以市场手段来配置企业家，使市场成为企业家的流动升迁的主要场所。我国企业家市场主要由企业家人才库和测评、中介、资格认证、业绩考察、培训中心组成，现在也出现一些"猎头公司"的形式。企业家市场作为竞争性市场，只有在市场竞争体制的作用下才能正常运转。一是民营企业家人力资本是在不断的市场竞争中得以形成和提高的，市场竞争的激烈程度决定着企业家人力资本的迅速形成。企业家在市场竞争中会体会到其应具有的素质，明确自身的优势和不足。同时，企业家为了提高自己的竞争力必然十分重视自己的能力、业务、领导才干等方面的锻炼，全面提高自身的素质水平来适应不断变化的市场需要。二是市场竞争激烈程度决定着民营企业家人力资本的内涵。市场竞争直接影响着民营企业家精力的分配，当市场竞争不十分激烈时，民营企业家会把精力集中在生产上，其人力资本内涵里生产性较强。反之就会将精力更多地放在市场上，增加人力资本中的交易性。因此，通过市场选择企业家，以市场为依托约束企业家，企业家在市场上展开公平竞争，才能使一代代优秀的企业家在自我约束机制中迅速成长。随着中国市场竞争程度的加剧以及民营经济规模的不断扩大，部分民营企业家很难继续驾驭好本企业。为了本企业的继续发展，他们应该在市场这个人力资本来源地继续寻求后备企业家和管理者。可见，市场机制能够有效促进中国民营企业家的成长。

（二）外部形成机制

中国民营企业家成长的外部机制比内部机制更具客观性和严格性，它相当于一个有效的信号传递机制，民营企业家的任何合理的或不合理的行为都会迅速地通过外部环境反映出来。所以，民营企业家能否发挥先进生产力代表的重要作用，有效的外部机制是其中重要的前提条件之一。民营企业家成长的外部形成机制主要包括外部评价机制、外部激励与约束机制。

第一，外部评价机制。民营企业家的外部评价机制是以人才市场、资本市场、产品市场以及信用市场为基础，对企业家价值给予评估的机制。首先，健全的企业家外部评价机制要求有一个充分竞争的企业家要素交易市场。只有建立充分的、健全的、发育成熟的企业家市场，才能保证企业家的各种行为以及本身价值在社会外部环境中得到充分的评估。目前我国企业家市场形势单一、评价标准缺乏、规则不健全，导致市场难以选择和评价企业家，从而很难形成通过企业的市场占有率、销售率、股票价格等指标以及非财务指标考核企业家的经营业绩，对建立严格而科学的企业家经营绩效评价体系形成了一定障碍。其次，发达、完善的资本市场是对企业家进行评价的另一个关键。资本本身没有计划和市场之分，因此，资本市场也是对民营企业家进行评价的一个重要因素。民营企业家的价值主要表现在对企业资源的充分利用上，而其资源配置的绩效在资本市场上通过公司股票与资本价格同步，企业家的业绩与此同时得到了检验。再次，是竞争、有序的产品市场。在一个竞争的、有序的产品市场中，民营企业家管理能力的高低，可以通过产品市场中企业的产品竞争能力来衡量。如果其企业的产品在产品市场上具有竞争优势，则可以从侧面反映企业经营者的经营、决策、管理等方面的能力。这是产品市场对民营企业家本人的一种认证。最后，是信用市场。由于信用体系的不健全，难以建立民营企业与民营企业家的信用评价机制，同时也造成了银行等融资机构与民营企业之间的信息不对称，阻塞了民营企业的正常融资渠道。所以，只有社会广泛宣传、遵守信用制度，才能营造一个注重信用和信誉的良好环境，完善信用市场，从信用的维度对民营企业家进行公正的评价，建立企业家资信等级制度，促使企业家对自身的信用度引起充分重视，从而改变注重短期利益、忽视信誉的状况。

第二，外部激励机制。中国民营企业家成长的外部激励机制主要包括观念激励、社会声望激励以及成就激励等一些企业外在的激励。观念激励主要是要消除对民营经济的歧视和偏见，尊重和肯定企业经营者特别是民营企业家，使其真正感觉到社会的承认。中国传统文化所形成的"学而优则仕""重做官，轻则商"的观念带来的影响太深，再加上计划经济体制时期"一切以公有经济为主""消灭私有"等偏颇的思想，以致人们对民营企业家形成了一种片面的、有很大偏差的认知。大多数人一提到民营企业家就会联想到金钱，将民营企业家追求利润最大化的"自利"行为扭曲为低层次的追求，从道德上鄙视民营企业家，甚至抹杀其所做出的贡献。这些都不利于营造尊重和爱戴民营企业家的社会氛围，将阻碍民营企业家的健康成长。因此，使大家都认识到民营经济是我国社会主义市场经济的重要组成部分，改变对民营企业家的片面认识，从根本上走出对民营企业家的认知偏差，正确评价其所做出的重要贡献，就是完善观念激励机制的重要内容。赢得好的社会声望是民营企业家继追求经济利益之后的第二诉求。随着民营企业家自身素质的不断提高，社会责任感和思想意识都踏上了更高的境界。民营企业家越来越注重企业的效益和向国家缴纳税金，注重通过公益事业树立企业的形象。基于此，我们可以得出加强对民营企业家的社会声望激励将进一步完善民营企业家的成长机制。对民营企业家的成就激励就是要增强其经营的成就感。成就感是基于内在心理体验的一种感觉，其满足来源于企业家对所取得的工作绩效的一种内在心理体验。根据马斯洛的需要层次理论，人的需要层次在逐渐提高，最终将达到"尊重的需要"和"自我实现的需要"。对于企业家这种人力资本来说，他们多数处于目标选择较高层次，成就欲实际上是企业家经营事业的永恒动机，因此企业发展的业绩和成就鼓励对他们会产生较大的激励效果。可见，成就激励机制的建立也是民营企业家的成长机制必不可少的一部分。

第三，外部约束机制。激励和约束是事物矛盾的两个方面，缺一不可。民营企业家外部约束机制包括市场约束和法律约束以及制度约束。只有重视企业家外部约束机制的设计构造，形成多元的外部约束机制，才能使企业内部的问题得到较好的解决。一是外部市场约束。对于民营企业家这一特殊的人力资本行为的外部约束更多地应该依靠市场机制，主要包括企业家市场、产品市场以及证券市场的约束。首先，在企业家市场上形成以企业家的才能为标准的选择约束机制。企业家市场能够准确反映对特定企业家经营能力的社会评估。其次是产品市场的约束，通过产品竞争和服务竞争的结果对企业家施加影响，形成以企业的利润、市场占有率等显示企业家人力资本的经营业绩和经营能力机制，对企业家进行激励和约束。最后还有来自证券市场的压力，通过证券市场对企业家的经营业绩进行评价和选择。因此，培养企业家市场和发展证券市场将会对民营企业家进行有效监督和控制。二是外部法律约束。法律约束是市场以外的另一种非常重要的企业家外部约束。我国的有关法律法规，包括《中华人民共和国反不正当竞争法》《公司法》《合同法》《破产法》《银行法》等对公司的整体行为有规定，但是对公司的主要利益主体约束不够，因此有关法律应做一些修改与调整，特别是对企业家这一重要的社会群体，必须有相应的法律来约束。三是制度约束。制度的不完善导致了民营企业家的生产经营过程存在一些问题，这使得加强对民营企业家的制度约束显得更为迫切。除了明晰产权，健全法人治理结构外，还应通过建立社会信用制度等方式进一步约束民营企业家的行为。

（三）协调机制

民营企业家在成长过程中要处理和协调各方面的关系。为了推动民营企业家的成长，必须建立和完善民营企业家成长的协调机制，内容包括两方面：一是协调民营企业家与政府的关系。企业不仅是经济组织，同时也是社会组织。因此，民营企业家的经营行为不仅要受市场制约，同时也会受到政府行为的影响。改革开放以来，政府制定了一系列促进民营经济发展的政策，确立了民营经济的合法地位。但是多年以来计划经济体制下形成的对民营经济的歧视仍然没有彻底根除，很多政府经济主管部门和执法部门仍然对民营经济采取"宁紧勿松"的态度。因此，政府部门应该加大政策调整力度，进一步鼓励和支持民营经济的发展。同时，为了促进民营企业家队伍的成长和壮大，政府不仅要承认民营企业家的社会地位、提高其政治地位，而且对那些合法经营和为社会发展做出贡献的民营企业家，无论是在道义上还是在经济政策方面都应给予鼎力扶植，从而使这些民营企业家获得更充分的合法性以及良好环境。二是协调民营企业家与社会的关系。传统社会有很多不利于民营企业家成长的因素，改革开放之后，人们对民营经济的偏见逐步转变，民营企业家所处的社会文化环境有所改变，政府为民营企业家的成长创造了比较宽松的制度环境。民营企业家自身也逐步从追求自身利益转为追求社会利益。这种质的转变表明民营企业"社会性"逐渐增强。这种转变来自于企业的社会性所产生的力量。即使由来已久的"为富不仁，仁者不富"的观念还依然凝结在人们价值观念的深层，没有真正消除，但只要民营企业家树立正确的经营理念并指导自己的经营实践，逐渐适应中国这种特殊的文化氛围，便可以逐步改变不规范经济条件下形成的不良形象，赢得社会的尊敬和认可，使自己开创的良好社会环境得到巩固和持续发展。总之，完善民营企业家成长的协调机制，有利于树立长远的发展目标，使民营企业家产生一种立德、立功的人生追求，有一种强烈的使命感和责任感；同时也有利于塑造社会主义市场经济条件下民营企业家的理想人格模式，发挥对社会进步重要的导向作用，使民营企业家的成长获得久远的生命力。

（四）保障机制

在社会主义初级阶段的经济发展过程中，民营企业家是一个特殊的阶层，因此要促进民营企业家的成长还必须完善民营企业家成长的保障机制。一是政策保障机制。要重视民营企业家队伍的培养建设，就要按照发展、完善社会主义市场经济的要求，为民营企业家队伍的健康成长建立良好的政策保障。但是，民营企业家的成长在政策制度上支持保障不力。为民营企业家队伍的健康成长塑造良好的政策保障机制，核心问题是要在事实上消除对民营经济和民营企业家的歧视。为此，在制定法律法规时，要将民营经济同公有制经济放在同一个平台上，消除不平等的限制性规定；在执法行政积极提供服务方面也要一视同仁。另外，要把民营企业家队伍建设纳入企业家培养教育工作的范围；要保证民营企业家以及民营企业员工享受与国营企业同样的荣誉待遇的机会和同等对待的环境，这对于完善民营企业家成长的保障机制是十分必要的。二是利益保障机制。产权是利益分配的根本，产权的明晰是保证民营企业家收益与贡献相符合的首要条件。分配制度是对产权制度的完善和巩固，应允许技术、管理等智力要素参与收益分配，这种分配对于促进企业家队伍的建设更为重要。另外，许多私营企业家在积累了一定资本之后，对积累的资本放在国内不放心，造成了中国资本的严重外流。究其根本是因为他们担心自己的私有财产不能得到充分有效的保护。所以，应该完善民营企业家的产权保护制度，在宪法层面上对私有合法财产的保护予以明确规定，为民营企业家的成长提供完善的利益保障机制，从而促进我国民营企业的健康发展。

四、完善民营企业家参政的制度环境

制度理性是现代政治发展的必然要求。亨廷顿指出，"任何一个给定政体的稳定从根本上依赖于政治参与程度和政治制度化程度之间的相互关系。……如果要想保持政治稳定，当政治参与提高时，社会政治制度的复杂性、自治性、适应性和内敛力也必须随着提高"[①]。新形势下，由于我国民营企业家的政治诉求不断提高、参与程度不断扩大，非制度化参与现象依然存在，因此，必须积极推进民营企业家政治参与的制度创新，创造更多的有效的法定参与渠道，促进民营企业家政治参与的有序化。

（一）优化政治参与制度创新的政治环境

扩大民营企业家有序政治参与需要以良好的政治体制和政治环境为依托。邓小平同志早就指出："现在经济体制改革每前进一步，都深深感到政治体制改革的必要性。"[②]党的十八大报告中强调指出："政治体制改革是我国全面改革的重要组成部分。必须继续积极稳妥推进政治体制改革，发展更加广泛、更加充分、

---

① ［美］塞缪尔·亨廷顿：《变化社会中的政治秩序》，王冠华、刘为等译，上海世纪出版集团2008年版，第60页。
② 《邓小平文选》第三卷，人民出版社1993年版，第178页。

更加健全的人民民主。"① 因此，需要大力推进我国政治体制改革，实现党和政府领导方式和执政方式的转变，为民营企业家政治参与提供良好的政治环境。首先，要民主执政，创造和谐政治氛围。一方面要不断扩大党内民主。推行党内公开制度，开辟公开渠道、扩大公开范围、增加公开内容，从而将党的领导活动置于全党的监督之下，增加党的领导的透明度，为更好地实施依法治国创造条件。另一方面要努力实现实质民主。要实现从形式民主向实质民主的转变，就必须改革我国目前的选举制度和干部任免制度，使人民有权直接选举干部，更有权利直接质询或罢免干部，这样才能让政府及其干部真正为人民代言，对人民负责。其次，要依法执政，维护政治参与权利。一要建立和健全中国特色社会主义法律体系，形成对党和政府的政治权力施以必要限制的法律规范，为依法执政、依法行政提供必要的法律依据。二要努力维护社会主义法制的统一和尊严，消除任何超越宪法和法律的特权，做到法律面前人人平等，保护司法公正。三要依法治理政治腐败行为，使民营企业家非制度化政治参与尤其是非法性政治参与失去生存的空间。四要防止民营企业家政治参与目的达到以后，利用政治参与权利为自己谋取私利，这种政治参与权利"异化"现象。最后，要科学执政，提高政治运作效率。提高党和国家的科学决策能力，是避免民营企业家非制度化政治参与的必要手段。科学决策要处理好公众、专家和政府三者之间的关系。着力发挥专家在科学

---

① 胡锦涛：《坚定不移沿着中国特色社会主义道路前进为全面建成小康社会而奋斗——在中国共产党第十八次全国代表大会上的报告（2012年12月8日）》，人民出版社2012年版。

决策过程中的"技术理性"人格化作用，使其依据科学理论对政府决策权的行使进行理性化制约；畅通公众在决策过程中的利益诉求、注重公众行使知情权的角色，以抑制专家"角色错位"和"过度理性"；政府作为公众的代理人遵循法定程序，尊重公众的"民意"、依靠专家的"技术理性"，最后形成科学决策。

（二）完善民营企业家政治参与相关制度

"社会主义协商民主是我国人民民主的重要形式。要完善协商民主制度和工作机制，推进协商民主广泛、多层、制度化发展。"[1]党的十八大报告首次提出并系统论述了健全社会主义协商民主制度。所谓协商民主是指政治共同体中自由、平等的公民，通过有序政治参与、提出自身观点并充分考虑其他人的偏好，在理性的指引下，实现偏好妥协或转换以达成共识的政治活动。[2]结合我国当前的政治生活，以协商民主制度建设为契机，从国家制度和政策机制层面进行创新和探索，可以引导和规范民营企业家政治参与走向制度化。

首先，要完善以选举为基础的人民代表大会制度。协商民主并不排斥选举民主，相反，我们应该探索把选举民主与协商民主这两种形式有机结合起来的一种民主形式，以实现两种民主形式的优势互补。就民营企业家政治参与而言，要使人民代表大会制度更好地体现人民当家做主，就必须进行制度完善和制度创新，

----

[1]　胡锦涛：《坚定不移沿着中国特色社会主义道路前进为全面建成小康社会而奋斗——在中国共产党第十八次全国代表大会上的报告（2012年12月8日）》，人民出版社2012年版。

[2]　陶富源、王平：《中国特色协商民主论》，安徽师范大学出版社2011年版，第34页。

探索把选举民主与协商民主这两种形式有机结合起来的一种民主形式，以实现两种民主形式的优势互补。一要创新选举程序的相关法律制度建设，允许候选人直接与选民见面进行竞选；二要在竞选基础上不断扩大直接选举范围，不断提升人民代表大会制度的实质民主程度；三要在竞选、直选基础上不断加大差额选举的比例，以最大限度真正体现选举人的真实意志；四要改革候选人的产生办法，规范不同阶层、"官"与"民"候选人的比例，提高公民政治参与度、扩大民营企业家有序政治参与渠道。另外，党的十八大报告强调指出："通过国家政权机关、政协组织、党派团体等渠道，就经济社会发展重大问题和涉及群众切身利益的实际问题广泛协商，广纳群言，广集民智，增进共识、增强合力。"① 为此，还应该在人大的各项工作中实践协商民主，充分吸收和发挥协商民主的优势，充分利用协商的手段，在平等自由的基础上展开对话、讨论、商谈，使人大各项决议更能充分表达民意，从而增强决策的合法性基础。例如在立法工作中充分利用大众传媒或召开座谈会、立法听证会等征求有关专家和包括民营企业家在内的广大公民的意见，这样不仅有利于拓宽民营企业家政治参与的渠道，而且能够激发他们政治参与的热情。

其次，要完善多党合作和政治协商制度。在中国各种协商政治形式中，具有较成熟和完善制度架构的是以中国人民政治协商会议为平台的政治协商制度。它是在中国共产党领导下，各政党、

---

① 胡锦涛：《坚定不移沿着中国特色社会主义道路前进为全面建成小康社会而奋斗——在中国共产党第十八次全国代表大会上的报告（2012年12月8日）》，人民出版社2012年版。

人民团体、少数民族和社会各界代表，以中国人民政治协商会议为组织形式，经常就国家的大政方针进行民主协商的一种制度。民营企业家政治利益的维护与表达，必须通过人民政协这个中国民主协商的载体得到拓展和延伸。完善多党合作和政治协商制度，提高政治协商制度的制度化水平，有利于民营企业家通过最有效的途径、最大化地参与政治。一要发挥民主党派在政治协商中的作用。应尽可能地把政治上拥护中国共产党的领导、承认民主党派的章程、符合民主党派标准和要求、政治素质过硬、公德意识层次较高、学识素养深厚的民营企业家中的精英吸纳进民主党派，并担任相应的领导职务，以扩大民主党派的"库容量"。同时还要保护各民主党派在公共政策制定中的重大权利，坚持"协商于决策之前"，使民营企业家的政治诉求得到充分的表达和满足。二要支持民营企业家建立和参加民间社团组织。民间社团组织的发展，对于培养民营企业家的民主意识，锻炼民营企业家民主管理能力有着重要的作用。为了推进民营企业家有序政治参与，各级党委政府应大力支持和培育民营企业家民间社团组织的建立和发展，提高民营企业家自发组织能力，以实现社会公共领域中的协商民主。三要在政协中增加民营企业家有关界别。鼓励民营企业家参选政协委员，提高民营企业家参加政协的比例，尤其是高层比例。通过制定规范化的法律程序，承认他们合法的政治地位，保障他们在多党合作和政治协商制度中参政议政的权利。四要提高民营企业家政协委员的参政议政能力。建立委员与广大民营企业家群体的联系、沟通、商谈机制，使政协真正成为充分表达民意、维护人民权利、发扬协商民主的重要形式。

最后，要构建行政协商制度。民营企业家政治参与的很多环节都与行政部门相关，从协商民主角度来看，行政管理是一个涉及真实商议的多元互动式交流过程。[①] 因此应不断开辟民营企业家政治参与新的制度化渠道。一要建立健全民营企业家代表听证制度。政府在制定或出台与民营企业家有关的法律法规，如价格标准制定、质量鉴定、技术成果推广等方面让民营企业家代表人士参与讨论，充分地反映他们在此方面的利益诉求，从而使政策法规的制定更民主、更科学、更具有针对性和可操作性。二要建立健全民营企业家与行政部门联系制度。加强对行政执法人员的行政能力和服务意识的培养，大力推行对政府部门行政执法服务评议制度，制定切实可行的奖惩措施，既可以整合民意，减少民营企业家非制度化政治参与的可能性，又可以起到预警和沟通的作用，促进整个社会政治体系更加廉洁、公正。三要推行政务公开，加快实施电子政务。政府要以开放的心态看待网络，全面理解和科学定位媒体的政治参与功能。目前，一些城市尝试由政府信息综合部门在政务网中设置非公有制经济专页，充分利用网络信息平台及时发布涉及非公有制经济发展的相关政策文件、实施举措和社会公共信息，或以开展市长接待日活动、开通市长专线电话等方式听取民营企业家意见，这种参政方式具有经济、快捷、方便等特点，非常值得推广。四要加大民营企业家人士在咨询、议事机构中的安排力度。在政府机构中设立包括律师、会计师等在内的决策咨询机制或安排一定的民营企业家代表参加各级政府的经济工作会议，保证他们的意见能反映到政府的决策过程之中。

（三）确保民营企业家政治参与的合法有效性

公民的政治参与是宪法赋予公民的基本权利，扩大公民有序

---

① 贺小林、吴昊：《协商民主：扩大我国公民有序政治参与的有效范式》，载《中共南昌市委党校学报》2008年第3期，第20页。

政治参与是调动公民融入社会政治生活、实现政治文明的发展需求。党的十六大报告倡导要扩大公民有序的政治参与，尊重和保障人权；党的十七大报告强调要从各个层次和各个领域扩大公民有序政治参与；党的十八大报告中指出："加快推进社会主义民主政治制度化、规范化、程序化，从各层次各领域扩大公民有序政治参与，实现国家各项工作法治化。"[①] 因此，扩大公民有序政治参与应以健全社会主义法制为保障，使公民的政治参与有法可依、有章可循，以"合法"带"有序"促"有效"。

一方面，要建立健全对扩大公民有序政治参与的法律法规。通过加强立法，完善公民政治参与的法律体系，实现政治参与的制度化、法律化，是规范民营企业家政治参与的根本保障。立法的目的，就是要平息冲突、避免纠纷、顺畅权力运行，从而为广泛的政治参与的良性运作提供必要条件，为不断提高政治现代化、政治民主化程度奠定基础。公民有序政治参与方面的立法应该强化顶层统筹设计，切忌"碎片化"，基本法、实体法、程序法等要统筹配套，增强相关立法的系统性、完备性，提升具体法条的可操作性和执行度，最大限度规避有法不依、依法不到位等情况的发生；要加快公民参政法、监督法、社团法、新闻法、出版法、舆论监督法以及规范网络秩序、完善社会组织管理等方面的立法，为包括民营企业家在内的所有公民的政治参与提供有力的法律保障。

另一方面，要健全民营企业家政治参与的立法规范。建立必

---

① 胡锦涛：《坚定不移沿着中国特色社会主义道路前进为全面建成小康社会而奋斗——在中国共产党第十八次全国代表大会上的报告（2012年12月8日）》，人民出版社2012年版。

要的法律制度，完善和落实相关政治权利的立法，为民营企业家表达政治诉求创造和提供平等法制平台，使民营企业家的政治参与和政府对民营企业家的管理都依据法治原则，按照法律规定的方式和程序进行，真正纳入法治化轨道。在相关法律法规中用专门的相应法条对民营企业家的政治权利和义务、在社会政治生活中的地位和角色、政治参与的程序和准则、参与方式和渠道等进行明确的法律规制，确保他们的有序政治参与有法可依，同时也对非制度化政治参与现象做出明确的惩处规则，最大限度抑制非制度化政治参与的"泛滥"。例如依法规范相关政治安排中民营企业家的比例、入门条件、操作程序等，做到用法律规范政治安排"入口"合法有序，用法律手段防范和打击各种非法性政治参与活动，切实保障和促进政治参与实践健康、合法、有序发展。

五、规避民营企业家非制度化政治参与

政府作为社会管理、市场监管和公共服务产品提供者，必然与包括民营企业家在内的经济实体经营者存在交集。"由于体制的演进会有路径依赖，一旦进入政府主导的路径，从寻租活动中得利的特殊既得利益者，必然会力求推动'半统制、半市场'的经济体制向国家资本主义乃至权贵资本主义蜕变。"[①] 若要治理政商"权""利"合谋这种不健康政商关系，最根本的途径是消除其产生的土壤，以制度化理清"权力"与"市场"的界面并使其阳光运行。此外，针对"合谋"双方进行正面有效引导和约束

---

① 吴敬琏：《正本清源 重聚改革共识》，载《理论参考》2014年第1期，第6-10页。

以抑制"权""利"合谋动因、依法强化惩处力度以增加"合谋"双方的风险成本等对应性防控措施亦是治理政商"权""利"合谋这种不健康政商关系的有效路径。

（一）建立界面清晰、简约的公共权力体系

消除"官商合谋"的"最有效的办法就是解除管制，实现市场自由化"①。逐步落实十八届三中全会精神，进一步大幅度地简政放权，实现资源配置去行政化，发挥市场在资源配置中的决定性作用，这是消除权力设租空间的釜底抽薪之策，更是消除民营企业家依附权力的"分配性努力"的源头治理之策。为此要转变政府职能，有序彻底退出对经济活动的过度微观干预，通过制定完善的市场配置资源的规则对社会经济发展实施宏观管理，并真正履行为国民提供完善的公共服务产品的职责。具体而言就是要逐步理清政府、社会、市场的界面，最大限度简政放权，切实减少可以由市场规则调节的行政审批、行政许可等行政权对经济活动的管控事项，制定行政权力负面清单，根治权力部门化倾向，真正建立层级科学、结构合理、配置有效、运行有序的公共权力体系，从制度源头上减少公权力与经济活动的直接关联度。

（二）建立公共权力在阳光下运行的社会机制

强化权力运行制约和监督体系，坚持用制度管权管事管人，让人民监督权力，让权力在阳光下运行，是把权力关进制度笼子的根本之策②。一是提高权力运行的公开透明度，建立完善并坚定不移地执行以公开为原则、不公开为例外的政务公开制度。二

----

① 经济社会体制比较编辑部：《腐败:权力与金钱的交换》，中国经济出版社1993年版，第4页。

② 中共中央关于全面深化改革若干重大问题的决定，http://news.xinhuanet.com/2013-11/15/c_118164235.htm，2013-11-15。

是不断完善权力运行中的公共决策机制，建立听证、质询、决策责任追究等制度，提升决策民主化、科学化水平，降低公共决策的风险性。三是置权力运行于公共监督之下，建立责任双查制度，有效提高公共监督机构尽职履责的自觉性；执行每案必复制度，有效提高人大、政协依法监督、民主监督的权威性；建立举报激励机制，提高公众监督的积极性，有效利用公共传媒、网络等舆论监督手段，形成公权力运行的社会公共参与网，使权力设租行为无藏身之地。

（三）建立公正廉洁的公职人员队伍

建立一支廉洁高效、公信力高的公职人员队伍是防治政商"权""利"合谋的有效途径。一是对选任公职人员考德查廉，积极、稳妥、务实地推进拟任公职人员财产公示制度，有效规避用人源头的风险，逐步推进所有公职人员的财产定期公示制度，形成不敢"官商勾结"的大环境。二是建立对公职人员的定期岗位培训轮训制度，提高公职人员的职业素质、政策法律水平、公正依法行政能力，有效减少公职人员行政行为失范。三是建立与岗位责任相适应，与社会经济发展水平、居民平均收入相协调的公职人员工薪及社会保障制度体系，有效降低公职人员公权私用、谋取黑色收入的经济动因。四是加强对公职人员进行"公权民授"、公权私用是对委托人的不忠诚行为，公权力造福社会和民众为荣、公权私用可耻的理性教育，有效降低公职人员公权私用、牟取黑色收入的心理动因。五是加强对公职人员坚持社会主义核心价值体系等思想道德、价值取向方面的教育，有效提升公职人员面对利益诱惑的免疫力。

（四）建立加大政商"权""利"合谋机会成本的法纪制度

依法强化惩处力度、加大风险成本是防控政商"权""利"合谋的有效途径。低成本、高收益是政商"权""利"合谋双方乐此不疲、"前赴后继"的重要动因，健全完善社会监督网络势必会加大社会成本，建立加大机会成本的法纪制度作为治理政商"权""利"合谋的主要手段更能取得事半功倍的效果。一是完善非理性政治接触的政治纪律，加大行政警戒、处罚力度。规制公职人员接受宴请、非正当"人情往来"等行为，阻断非理性政治接触蔓延，以求把政商"权""利"合谋现象消灭在萌芽之中。二是完善市场经济诚信体系建设，建立非正当竞争行为或倾向的经济体"黑名单"制度，使有"权""利"合谋行为或倾向的经济体在市场公平竞争中寸步难行。三是完善相关法律，在加大公职人员惩处力度的同时，更应给合谋相对当事人和利益输送"代位人"以严厉的制裁。

六、用非公企业党建引领民营企业家成长

加强非公企业的党建工作，是巩固党的执政地位、扩大党的群众基础的内在要求。党的十八大以来，以习近平同志为核心的党中央高度重视非公企业党建工作。加强非公企业党组织建设，是实现引领民营企业家健康成长的有效途径，构建认同机制、落实帮扶措施、完善督导手段、建立激励机制是加强非公企业党组织建设，实现执政党对民营企业家政治引领、行为引领的可行性对策。

（一）加强非公企业党建的必要性

由于非公企业是传统"体制外"社会组织的特点，所以在非公企业建立党的基层组织有其特殊性。另外，非公企业也是社会主义市场经济的重要组成部分，也是国家治理能力现代化进程中的社会协同主体，因此在非公企业中加强党组织建设很有必要。

1.巩固党的执政基础的需要

习近平总书记指出，执政党的执政地位不是与生俱来的，不

是一劳永逸的，过去拥有不等于现在拥有，现在拥有不等于永远拥有。改革开放后中国社会阶层发生结构性变迁，如何畅通各阶层利益诉求渠道、协调不同社会阶层利益诉求，最大限度凝聚社会力量促进社会和谐发展，是执政党必须解决的一个问题。中国的民营企业家是得益于改革开放政策先富起来的一个社会群体，已经成为具有相对独立的社会经济地位和政治要求的社会阶层。因而非公有制企业党建工作开展的成效如何，直接决定着党的执政能力与水平。执政党应该通过扎实推进非公企业党建工作，发挥党组织的政治优势，团结民营企业家，扩大政治联盟，巩固党的执政基础。通过对企业家的政治引领、行为引领，促进非公有制企业健康发展，提高执政党对社会组织和经济实体的调控与影响力，提升党的执政能力。

2. 助推企业转型发展的需要

经济效益是企业生存与发展的永恒主题，这也应该成为非公企业党建工作的着力点。我国非公企业大部分为中小微企业，它们在各个经济领域为繁荣市场经济、创造社会财富、增加就业、维护社会稳定等做出了巨大贡献，是中国经济的重要力量。然而经济新常态下面临经济结构调整、产业升级转型等形势，长期制约中小微企业发展的融资难、税费负担重、自主创新能力不强、管理水平不高等问题仍未得到根本改善，因此，中小微企业发展面临新老问题叠加交织的困难，不得不从转型升级中寻求出路。现实当中，非公企业党组织往往将主题定位于当下企业发展所遇到的问题，承担较多既非政治功能，也非决策功能，而是促进企业发展的经济功能，实现了新形势非公有制企业党建工作和非公有制企业经济工作的协调统一性，推进非公有制企业尽快完成转型升级。

3. 帮助企业家科学决策的需要

正确决策对于企业的生存与发展至关重要，企业的发展方向和重大决策符合国家和区域政府的产业政策，就能促进企业顺利发展，民营企业家群体由于成长环境、受教育程度、自身经验阅历等因素制约，对国家产业政策及区域经济发展方向的熟悉程度也必然存在很大差异，因此，非公企业党组织就可以发挥与政府桥梁作用，帮助企业寻求正确发展方向。现实中，很多非公企业中的党组织积极帮助企业家了解党和国家的重大政策、措施，把握区域经济社会发展方向，有利于提升企业生产经营决策的质量及准确性。特别是对于有些网络类高科技企业涉及信息和传媒领域，其业务性质因为涉及政治影响及社会和谐稳定，已经不仅仅是单纯的企业行为，尤其需要非公企业党组织的政治引领作用。

4.营造企业良好外部环境的需要

民营企业家为了维护自身的经济利益和协调各种社会关系，必然存在畅通与党和政府的联系渠道、反映自身各种利益诉求的需求，然而，过多参与社会活动和政治活动势必影响民营企业家的生产经营，因此，非公企业党组织可以充分发挥桥梁纽带作用，在努力宣传贯彻好党的路线、方针、政策的同时，向地方党委政府反映企业家和职工的愿望和主张，把企业家的利益诉求和政治主张吸纳到党和政府的相关决策，助推民营企业健康发展。非公企业党组织还可以推荐优秀企业家进入各级人大、政协和地方自治组织，推进社会各阶层有序政治参与。非公企业党组织还可以依靠组织网络体系，在法律法规和政策允许的范围内为非公企业协调各种社会关系、排忧解难，营造企业发展的良好外部环境。

5.规避企业家政治寻租的需要

民营企业家是我国改革开放后形成的新社会阶层，其体制外的政治背景决定了其政治参与的积极性。然而，由于政治参与的有效制度供给相对不足、制度化利益诉求渠道相对有限，致使部分民营企业家经常会采取一些非制度化政治参与方式，甚至发展成为特定形式的政治寻租。加强非公有制企业党建工作，就是吸纳包括民营企业家和企业员工在内的社会主义建设者充分行使知情权、参与权、监督权等民主权利，实现习近平总书记一直倡导的"开正门""堵偏门"。加强非公有制企业党组织建设，就是要发挥基层党组织的政治监督保障功能，正面引导企业家完善自我教育、提升行业自律能力，进而提高民营企业家政治寻租现象的可控性。

（二）非公企业党建对民营企业家的引领作用

非公企业党组织对民营企业家的引领主要体现在：一是对企业家个人的政治引领，以回答非公企业走什么路的问题；二是对企业家自身和非公企业生产经营行为引领，以回答非公企业能否真正成为社会主义市场经济平等主体的问题。

1. 政治引领

一是引导民营企业家政治认知理性化。通过非公企业党组织对民营企业家的教育，使他们充分认识到：自己是执政党的改革开放政策的最大受益者，非公企业与公有制企业在市场经济社会中具有平等的法律地位，非公企业与公有制企业在国家治理能力现代化进程中具有同等的主体地位，在中国特色社会主义市场经济条件下公民合法财产会依法得到确立和保护，在非公有制企业建立党的组织、开展党的活动有利于企业可持续健康发展，同时引导民营企业家正确分析和认识当前国家政治生活中深化改革、强力反腐、经济新常态等热点问题，实现增强民营企业家坚持党的领导和走中国特色社会主义道路自觉性的目的。

二是引导民营企业家政治要求合理化。执政党的改革开放政策使非公有制经济获得了快速发展，许多非公有制经济实体成为区域经济及社会发展的重要支撑力量，地方党委和政府也因此给予民营企业家较高的社会地位和相应的尊重，但也不可避免地带来一些民营企业家日益多样化的政治要求，其中不乏不符合国情及政治规范的不合理成分。非公企业党组织可以充分发挥地方党委政府与民营企业家之间的纽带作用，建议党委政府对民营企业家的不正当政治要求不能随意迁就而任其膨胀，同时注意不打击压制，避免伤害他们发展经济的积极性，而是依据政策法规及国情因势利导，使其认识到其诉求的不合理及非规范性，促进政治和谐和社会稳定。

三是引导民营企业家政治参与有序化。社会各阶层广泛的政治参与是体现国家政治生活民主化、推进社会政治文明建设的客观必然要求，非公有制经济体是国家治理能力现代化进程中协同治理主体，民营企业家的政治参与问题也将成为一个长期的政治课题。非公企业党组织拥有与民营企业家联系紧密的便利条件，有利于察觉并着力避免其政治参与的盲目性、无序化及"制度外参与"，同时发挥政治参与引导作用，将民营企业家的政治参与诉求反馈到地方党委政府，有计划地纳入到现有政治体系之中，顺利实现"制度内参与"和政治参与的有序化，促进民营企业家队伍健康成长的同时，推进社会政治文明建设。

四是引导民营企业家政治行为合法化。现代政治文明是建立在民主和法制基础上的，任何公民的不遵守政治规则、违背法律规定、超越民主程序等行为都是对社会政治文明和法律的无理践踏。民营企业家多属于我国公民中拥有物质财富相对较多的社会阶层，是市场经济生活中交易经验比较丰富的群体，非公企业党组织必须针对这个群体的特点，学会善于引导他们在法律的范围内严格按照政治规则、法治原则和法律程序进行政治活动，更必须履行主体责任及时察觉并绝不允许其把市场经济中的行为方式和交易原则引入政治领域，用金钱干预政治，搞钱权交易，腐蚀公职人员，破坏社会政治生态，谋求自身超越公民权利之上的任何特权。

2. 行为引领

引导民营企业家履行好企业的基本社会责任。企业作为市场主体，创造社会财富、自身发展是它的基本社会责任。企业只有自身获得良好发展，才能创造更多社会财富满足社会公共消费需求，也能创造更多就业岗位促进社会稳定，同时为企业获得更多合法利润。非公企业党组织对民营企业家的行为引领更多的是体现在其企业经营管理上，对民营企业家履行好企业基本社会责任方面，重点是坚持以人为本的理念下创造利润促进发展，一是引导企业家对企业的核心利益相关者——出资人或股东负责，最重要的体现就是完善内部治理结构、建立现代企业制度，创造较大利润的同时实现可持续发展；二是引导企业家对企业的关键利益相关者——企业员工负责，最主要的体现是提供确保不损害员工身心健康的劳动条件、给予员工与劳动价值相适应的薪酬、依法履行使员工进入社会保障体系的各项义务、保障员工在企业发展中的各项民主权利。因此，非公企业党组织协助、指导民营企业家在企业建立股东会、董事会、监事会、工会，将有利于推进企业经营管理的正确决策、劳资关系进一步和谐，进而助推企业良性发展。

引导民营企业家履行好企业的关联社会责任。企业作为市场主体自负盈亏、依法经营是它的关联社会责任。企业为了追求更大利润不能以损害社会公共利益为代价，企业生产经营行为也必须对关联的利益相关者负责，侵犯了关联的利益相关者权益，也将受到法律的规制。对此，非公企业党组织对民营企业家的行为引领更多的是体现在企业的文明生产、依法经营上，重点是坚持社会利益最大化的理念下促自身发展，一是引导企业家对企业产品的关联利益相关者——消费者负责,最重要的体现就是不制假售假坑害消费者,不以次充好、以伪劣不合格产品侵害消费者权益;二是引导企业家对企业生产后果的关联利益相关者——特定区域内所有公众负责,最主要的体现是确保不能因为企业的生存行为污染环境而使特定区域内所有公众生存条件恶化;三是引导企业家对企业生产过程的关联利益相关者——不特定公众负责,最主要的体现是确保不能因为企业的生存行为高消耗而使特定资源紧俏价格过度提升损害其他市场主体的相关权益或使特定非再生资源储量急剧枯竭堵了子孙后代的路;四是引导企业家对企业经营行为的关联利益相关者——其他市场主体的公平竞争负责,最主要的体现是确保不搞非正当竞争扰乱市场经济秩序、不因自身强大而搞行业垄断剥夺其他市场主体公平竞争的权利。

引导民营企业家履行好企业的道义社会责任。企业不仅仅是市场主体,也是国家治理能力现代化进程中社会协同的主体,回报社会、社会公共利益担当是它的道义社会责任。一方面,企业的发展离不开执政党、政府和社会提供的整体良好发展环境,另一方面,作为社会协同治理的主体,也应该对社会公共利益有所担当。对此,非公企业党组织对民营企业家的行为引领更多的是体现在企业的社会治理协同主体责任履行上,重点是坚持量力而行的理念下自觉回馈社会提升自身的无形资产,引导民营企业家树立社会公益情怀,在企业力所能及的条件下坚持参与公益活动、捐助慈善事业,使弱势群体感受社会温暖促进社会和谐;引导民营企业家充满扶危济困的爱心,在自然灾害发生之时能够伸出救援之手,在社会成员遭遇困境之时能够帮助其脱离困境;引导民营企业家强化社会责任担当意识,对于政府难以引导和彻底扭转的行业性普适问题,能够率先垂范从企业自身做起,避免任其发展成为更大的社会问题,更好地履行协同主体责任。社会协同治理主体的道义社会责任从市场主体的视角看，也可以说是具有义务的属性，履行得好会提升企业的无形资产，提升公众对该企业的认同、接受、喜好偏爱程度，进而有利于企业可持续发展。

（三）非公企业党建引领民营企业家成长的对策

构建认同机制，提高接受党的领导的自觉性，落实帮扶措施，凝聚向心力，完善督导手段，促进民营企业家健康成长，建立激励机制，营造民营企业家健康成长的制度环境，是推进非公企业党组织建设的步伐，有效提升非公企业党组织对民营企业家政治引领、行为引领质效的可行性对策。

1. 构建认同机制

民营企业家关注的重心是如何经营管理好企业，实现利润最大化。因此，构建民营企业家对非公有制企业党组织建设的认同机制是推进非公企业党组织建设的前提和有效途径。第一是道路认同，党组织要积极宣传党的各项方针政策，特别是改革开放后党的一系列有利于多种经济成分共同发展的政策，社会主义市场经济条件下各种经济成分均有平等的市场主体地位、均为国家治理能力现代化进程中的协同主体，使民营企业家对社会主义特色的市场经济道路高度认同，进而自觉接受党的领导；第二是路径认同，党组织要积极宣传非公企业党组织不是企业的"婆婆"，而是建立在非公企业、按照发展社会主义市场经济和社会主义民主政治方向开展活动的党的基层组织，是帮助民营企业家建立企业良好发展环境、实现企业可持续发展的"帮手"；第三是方法认同，党组织要积极宣传非公有制企业党组织的党建党务工作是与企业发展目标相协调的方式，根据企业发展需要的原则，探索建立党组织成员参与或列席企业管理层的重要会议制度，确保党组织有渠道和企业管理层进行沟通协商和恳谈，邀请民营企业家、经营管理人员代表参加党组织相关活动，激发他们的政治荣誉感。

2. 落实帮扶措施

非公企业党组织对民营企业家的帮扶重点体现在其自身生存和发展、企业可持续发展两个角度。第一，对企业家在生产经营活动中可能会遇到的人身、财产、名誉等方面的侵害，非公企业党组织应该善于帮助企业家以法律法规为保障，保护他们的合法权益。第二，非公企业党组织要帮助企业建立良好外部发展环境，以正常渠道和程序，促进政府职能转变、简政放权，促进政府转变工作作风，监督政府及其部门增强服务企业的意识，为企业发展营造宽松外部环境。第三，非公企业党组织应该帮助企业解决生产经营和发展中的各种问题和困难。对制约企业发展的瓶颈问题，非公企业党组织一定要采取有效措施予以帮助解决，如高层管理人才匮乏致使管理水平低下问题、技术人才匮乏致使创新驱动不足问题，应该发挥"党管人才"网络体系的优势予以帮助。第四，非公企业党组织要对民营企业家群体成长予以帮助，宣传企业家在经济发展中的重要作用，塑造企业家的正面社会形象，倡导勇于创新、敢于竞争、锐意改革的企业家精神，鼓励创新、宽容失败，形成有利于企业家成长和发展的社会氛围。推荐优秀民营企业家担当各级人大代表、政协委员、行业协会或商会的各类职务，等等。

3. 完善督导手段

非公企业合法经营是民营企业家健康成长的前提，非公企业党组织应完善对非公企业合法经营的督导手段引领民营企业家健康成长。第一，督导企业完善企业法人治理结构，严格按照《公司法》要求，推进现代企业制度建设，逐步形成企业内部科学规范的决策机制、经营机制和监督机制。第二，充分发挥企业党组织的政治核心作用，注重抓好非公有制企业职代会建设，发挥职代会的民主监督作用，推进职工民主评议企业经营者制度；督促企业完善厂务公开制度，规范公开程序，拓展公开内容，深化公开关键环节，提高公众监督效度。第三，非公企业党组织应帮助企业完善出资人和企业经理人综合考核评价体系，包括的内容要从经济本位指标扩展到企业履行社会责任指标、企业家与企业行为的诚信指标、社会道德与伦理指标以及非规范性、非合法性行为记录等等，使企业和企业家的行为评价有一个客观度量标准，有利于社会监督。第四，非公企业党组织还要与企业家建立定期约谈制度，及时发现企业生产经营过程中可能出现的，以非市场经济手段介入经营过程、以经济手段介入政治活动的现象，使企业和企业家的非规范行为消灭在萌芽之中。

4.建立激励机制

在非公企业中建立党的基层组织，有效实现党对民营企业家的政治引领、行为引领，应逐步建立完善相应的激励机制。第一，把民营企业家支持党建工作和所在企业党建工作情况，作为推荐考察企业家及企业各类表彰奖励的重要条件，激发非公企业出资人和企业经理人配合非公企业党建工作的内在动力。第二，提高自觉接受党的政治引领的企业家的政治待遇。发展符合党员条件的民营企业家入党，依据法定程序吸纳民营企业家进入人大、政协，特别优秀的可以担任相关领导职务。第三，提高自觉接受行为引领的企业家社会地位。聘请民营企业家为政府经济顾问，享受政府特殊津贴、授予不同级别的劳动模范等。第四，建立事业性激励机制。对于中小型企业的优秀民营企业家，可以聘用到国有及国有控股企业或集体企业任职，为优秀企业家提供更为广阔的事业空间。第五，定期评选各类优秀民营企业家。评选企业跨越式发展优秀民营企业家、诚信守法经营优秀民营企业家、热心公益事业优秀民营企业家等。第六，通过召开经验交流会、现场观摩等形式，使民营企业家感受抓党建是"最大的财富、最好的优势"，通过先进典型的辐射示范作用，引导民营企业家实现经济追求和政治追求的有效统一。

改革开放 40 多年来，中国发生了翻天覆地的变化，取得了举世瞩目的成就。其中，企业家的贡献和企业家精神所发挥的作用不可磨灭。党的十八大以来，对优秀企业家精神的保护和弘扬进入了一个崭新阶段。加强企业家精神培育，引导民营企业家不断提高综合修养，引导民营企业家践行社会主义核心价值观，坚定社会主义理想与信念，坚持社会主义理论自信、道路自信、制度自信和文化自信，凭借企业家身份、由企业家精神驱动、通过企业创新实践活动，积极参与我国社会主义建设事业，为国家经济社会发展做出更大的积极贡献，是当代民营企业家队伍建设的战略任务。通过一系列环境和制度建设，解决制约企业家精神的主要问题，多方面改进服务、优化环境、释放激发和保护企业家精神的积极信号，必然会提高民营企业家的信心，从而促进民营企业家队伍的成长。

参考文献

[1] 《马克思恩格斯全集》（第1卷），人民出版社1972年版。

[2] 《马克思恩格斯全集》（第1卷），人民出版社1972年版。

[3] [德]马克思：《资本论》（1—3卷），中共中央马克思恩格斯列宁斯大林著作编译局译，人民出版社1975年版。

[4] [德]恩格斯：《家庭、私有制和国家的起源》，中共中央马克思恩格斯列宁斯大林著作编译局译，人民出版社2004年版。

[5] 邓小平：《邓小平文选》（第3卷），人民出版社1993年版。

[6] 习近平：《习近平谈治国理政》（第一卷），外文出版社2014年版。

[7] 习近平：《习近平谈治国理政》（第二卷），外文出版社2017年版。

[8] 习近平：《谋求持久发展　共筑亚太梦想——在亚太经合组织工商领导人峰会开幕式上的演讲》，人民网-人民日报2014年11月10日。

[9] 习近平：《在第十二届全国人民代表大会第一次会议闭幕会上的讲话》，新华社北京2013年3月17日电。

[10] 习近平：《在中国共产党第十八届中央纪律检查委员会第二次全体会议上的讲话》，新华社北京2013年1月22日电。

[11] 习近平：《在十八届中共中央政治局第一次集体学习时的讲话》，新华社北京2012年11月18日电。

[12] 习近平：《在第十二届全国人民代表大会第一次会议上的讲话》，新华社北京2013年3月17日电。

[13] [美]约瑟夫·熊彼特：《经济发展理论：对于利润、资本、信贷、利息和经济周期的考察》，何畏、易家详等译，商务印书馆2000年版。

[14] [美]彼得·德鲁克：《创新与企业家精神》，蔡文艳译，机械工业出版社2007年版。

[15] [法]让·巴蒂斯特·萨伊著：《政治经济学概论》，赵康英译，商务印书馆1963年版。

[16] [美]伊斯雷尔·科兹纳：《竞争与企业家精神》，刘业进译，浙江大学出版社2013年版。

[17] [美]戴维·兰德斯，乔尔·莫克，威廉·鲍莫尔：《历史上的企业家精神：从古代美索不达米亚到现代》，姜井勇译，中信出版集团2016年版。

[18] [英]阿克顿：《自由与权力》，侯建译，商务印书馆2001年版。

[19] [美]塞缪尔·亨廷顿：《变化社会中的政治秩序》，王冠华、刘为等译，上海世纪出版集团2008年版。

[20] [德]马克斯·韦伯：《新教伦理与资本主义精神》，阎克文译，上海人民出版社2010年版。

[21] [美]凡勃伦：《企业论》，蔡受百译，商务印书馆2012年版。

[22] 吴向鹏：《文化、企业家精神与经济增长：浙商成长的经验研究》，浙江大学出版社2011年版。

[23] 黄文锋：《企业家精神：商业与社会变革的核能》，中国人民大学出版社2018年版。

[24] 王瑞璞，张占斌：《中国民营经济发展与企业家的社会责任》，人民出版社2006年版。

[25] 董昀：《体制转型视角下的企业家精神及其对经济增长的影响——基于中国典型事实的经济分析》，经济管理出版社2012年版。

[26] 丁栋虹：《企业家精神》，清华大学出版社2010年版。

[27] 丁栋虹：《中国企业家的兴起：理论与制度研究》，中国出版集团东方出版中心2003年版。

[28] 丁栋虹：《制度变迁中企业家成长模式研究》，南京大学出版社1999年版。

[29] 杨宏建：《浙商是怎样炼成的》，北京工业大学出版社2006年版。

[30] 亚布力中国企业家论坛：《新时代的企业家精神》，知识产权出版社2018年版。

[31] 吴敬琏：《呼唤法治的市场经济》，生活·读书·新知三联书店2007年版。

[32] 陶富源、王平：《中国特色协商民主论》，安徽师范大学出版社2011年版。

[33] 经济社会体制比较编辑部：《腐败:权力与金钱的交换》，中国经济出版社1993年版。

[34] 季小江：《超越精神：论企业家自我的发展》，经济科学出版社2010年版。

[35] 郑海航：《中国企业家成长问题研究》，经济管理出版社2006年版。

[36] 严浩仁：《企业家成长环境和培育机制研究》，华夏出版社2007年版。

[37] 史耀疆：《制度变迁中的中国私营企业家成长研究》，中国财政经济出版社2005年版。

[38] 夏洪胜，张世贤：《创业与企业家精神》，经济管理出版社2014年版。

[39] 吴向鹏：《文化、企业家精神与经济增长：浙商成长的经验研究》，浙江大学出版社2011年版。

[40] 王瑞璞，张占斌：《中国民营经济发展与企业家的社会责任》，人民出版社2006年版。

[41] 陈家喜：《改革时期中国民营企业家的政治影响》，重庆出版社

2007年版。

[42] 朱素英：《家族企业继任中的企业家精神传承研究》，经济科学出版社2007年版。

[43] 陈建辉：《相信：企业家要信点什么》，时代出版传媒股份有限公司北京时代华文书局2015年版。

[44] 高波：《文化资本、企业家精神与经济增长：浙商与粤商成长经验的研究》，人民出版社2011年版。

[45] 李兰：《企业家精神：2009·中国企业家成长与发展报告》，中国人民大学出版社2009年版。

[46] 孙慧琳，崔凯：《中国情境下企业家精神与企业财务绩效关系的实证研究》，经济科学出版社2014年版。

[47] 辛向阳：《谁能当中国的企业家？》，江西人民出版社1999年版。

[48] 陆铭：《政企纽带：民营企业家成长与企业发展》，北京大学出版社2009年版。

[49] 陈剩勇，钟冬生，吴兴智等：《让公民来当家——公民有序政治参与和制度创新的浙江经验研究》，中国社会科学出版社2008年版。

[50] 方江山：《非制度政治参与——以转型期中国农民为对象分析》，人民出版社2000年版。

[51] 于明，苗家清等：《我国私营企业主阶层政治参与研究》，吉林大学出版社2011年版。

[52] 陶富源，王平：《中国特色协商民主论》，安徽师范大学出版社2011年版。

[53] 王曙光：《企业家精神的背后靠什么》，载《现代企业导刊》1999年第6期。

[54] 马建广：《没有企业家精神，企业就不能存在》，载《时代潮》2003年第8期。

[55] 闰彩霞，刘涛：《国家治理转型中非制度化政治参与困境及超

越》，载《甘肃社会科学》2015年第2期。

[56] 高冰，杨艳：《管理者政治关联、社会责任与企业绩效》，载《大连理工大学学报（社会科学版）》2015年第2期。

[57] 郭忠华：《改革呼唤新的思维和动力》，载《探索与争鸣》2013年第12期。

[58] 韩影，丁春福：《建立新型政商关系亟须治理"权""利"合谋行为》，载《毛泽东邓小平理论研究》2016年第4期。

[59] 杨雨莲，张国清：《庸官懒政的博弈分析》，载《浙江大学学报（人文社会科学版）》2016年第7期。

[60] 贺小林，吴昊：《协商民主：扩大我国公民有序政治参与的有效范式》，载《中共南昌市委党校学报》2008年第3期。

[61] 吴敬琏：《正本清源　重聚改革共识》，载《理论参考》2014年第1期。

[62] 王晓燕：《私营企业主非正式政治参与的途径与意义分析》，载《南京师范大学学报（社会科学版）》2006年第6期。

[63] 陈宪：《企业家精神和政府有效性》，载《金融市场研究》2013年第5期。

[64] 徐航：《用法治培育和守护企业家精神》，载《人民论坛》2017年第11期。

[65] 张维佳：《基于"党管干部原则"的国有企业企业家精神培育路径构建》，载《理论探讨》2017年第3期。

[66] 鲁传一，李子奈：《基于企业家群体产品垂直创新的内生增长模型》，载《管理工程学报》2004年第4期。

[67] 张超：《产品创新与当前中国经济的内生增长转型》，载《学习与实践》2011年第10期。

[68] 李杏：《企业家精神对中国经济增长的作用研究——基于SYS-GMM的实证研究》，载《科研管理》2011年第1期。

[69] 杨宇，郑垂勇：《企业家精神对经济增长作用的实证研究》，载《生产力研究》2008年第18期。

[70] 唐国华:《企业家精神、产品创新与内生经济增长—理论模型和基于中国数据的经验研究》,载《经济问题》2014年第3期。

[71] 叶明德,孙胜梅:《"浙江现象"与人口素质》,载《人口与经济》2004年第2期。

[72] 胡敏中:《论作为经济手段的资本逻辑》,载《学习与探索》2015年第1期。

[73] 厉以宁:《中国发展需要弘扬优秀企业家精神》,载《人民日报》2017年9月26日。

[74] 徐航:《用法治培育和守护企业家精神》,载《人民论坛》2017年第11期。

[75] 陈宪:《企业家精神和政府有效性》,载《金融市场研究》2013年第5期。

[76] 马建广:《没有企业家精神,企业就不能存在》,载《时代潮》2003年第8期。

[77] 闰彩霞,刘涛:《国家治理转型中非制度化政治参与困境及超越》,载《甘肃社会科学》2015年第2期。

[78] 高冰,杨艳:《管理者政治关联、社会责任与企业绩效》,载《大连理工大学学报(社会科学版)》2015年第2期。

[79] 史振厚:《企业家精神为何衰减?》,载《企业管理》2013年第9期。

[80] 张自卿,邵传林,裴志伟:《制度环境与企业家精神一个文献综述》,载《商业经济研究》2015年第7期。

[81] 张远煌,张逸:《从企业家犯罪的罪名结构透视企业家犯罪的制度性成因——以245起案例统计为基础》,载《河南警察学院学报》2014年第1期。

[82] 叶勤:《企业家精神的兴起对美国经济增长的促进作用及其启示》,载《外国经济与管理》2000年第10期。

[83] 中国企业家犯罪预防研究中心:《2012中国企业家犯罪媒体案例分析报告》,载《法人》2013年第3期。

[84] 罗欣：《中国民营企业发展历程考察》，载《中国浦东干部学院报》2012年第3期。

[85] 马俊亚：《中国近代企业家的文化类性与精神境界》，载《史学月刊》1995年第4期。

[86] 林左鸣：《没有信仰的企业走不远》，载《现代企业文化（上旬）》2014年第4期。

[87] 胡明：《改革开放以来我国乡镇企业的发展历程及启示——以1978—1992年江苏乡镇企业发展为例》，载《党的文献》2008年第4期。

[88] 陈云娟：《企业家精神与民营企业创新动力机制研究——以浙商为例》，载《经济纵横》2010年第4期。

[89] 陈云娟：《浙商——浙江民营企业创新的动力源》，载《浙商崛起与危机应对》2010年3月。

[90] 王彦：《民营经济发展的外部环境与制度创新——以辽宁省为例》，载《国有经济评论》2011年第2期。

[91] 王文庆：《论践行社会主义核心价值观——浅谈社会主义核心价值观的发展形态与认识》，载《甘肃省培育和践行社会主义核心价值观理论研讨会一等奖论文论文集》2015年1月。

[92] 高洪贵：《协商民主视野中的农民工政治参与制度创新》，载《黑龙江社会科学》2010年第3期。

[93] 《中共中央关于全面深化改革若干重大问题的决定》，http://news.xinhuanet.com/2013-11/15/c_118164235.htm，2013-11-15。

[94] 《时代召唤企业家精神》，https://wenku.baidu.com/view/c704c86ff424ccbff121dd36a32d7375a417c6b7.html，2019年7月18日。

[95] 卜运安：《新型政商关系构建研究》，沈阳工业大学硕士论文，2018年5月。

[96] 胡益鸣：《企业家创业和创新精神对区域经济增长影响的实证研

究》，南京财经大学硕士论文，2009年10月。

[97] 陶静：《企业家创业精神与区域经济增长》，合肥工业大学硕士论文，2009年4月。

[98] 罗欣：《领导教育视阈中的中国民营企业战略领导力研究——以"新浙商"为例》，华东师范大学博士论文，2012年9月。

[99] 王姗：《1895—1927年中国民族工业发展问题研究》，吉林大学硕士论文，2015年4月。

[100] 毕亚民：《我国民营经济发展的制度约束问题研究》，中共中央党校硕士论文，2019年6月。

[101] 陈志平：《辽宁民营经济发展路径研究》，沈阳师范大学硕士论文，2011年5月。

[102] 崔凯：《中国企业家精神与企业财务绩效的实证研究》，同济大学博士论文，207年6月。

[103] Friederik,Welter.David.Smallbone.Institutional Perspectives on Entrepreneurial Behavior in Chal lenging Environments[J].Journal of Small Business Management 2011,49（1）.

[104] David B. Audretsch,Max C. Keilbach and Erik E.Lehmann. Entrepreneurship and Economic Growth[M],Oxford: Oxford University Press,2006.

[105] Lynn Richard.The Secret of the Miracle Economy:Different National Attitudes to Competitiveness and Money[M]. London:Crowley Esmonde Ltd,1991.